Tout savoir sur l'informatique quantique

Sommaire

Chapitre 1 - Introduction à l'informatique quantique.

Qu'est-ce que l'informatique quantique ?   9

Historique et évolutions   12

Applications potentielles   16

Les différences avec l'informatique classique   19

Chapitre 2 - Les principes de la mécanique quantique.

Les états quantiques   25

Superposition et intrication   27

Mesure quantique   30

Les portes quantiques   33

Chapitre 3 - Les algorithmes quantiques.

L'algorithme de Shor   39

L'algorithme de Grover   42

Les algorithmes quantiques de simulation   44

Comparaison avec les algorithmes classiques   48

Chapitre 4 - Matériel et architecture des ordinateurs quantiques.

Qubits : types et technologies   53

Erreurs et correction des qubits   56

Architecture des ordinateurs quantiques   59

Les défis techniques   63

Chapitre 5 - L'informatique quantique et la cryptographie.

Cryptographie classique vs quantique   69

Protocoles de cryptographie quantique   72

Sécurité des communications   75

Cas d'utilisation pratiques   78

Chapitre 6 - Les applications dans le domaine de l'IA.

Apprentissage machine quantique   85

Optimisation avec des algorithmes quantiques 88

Applications dans le traitement du langage naturel 91

Défis de l'IA quantique 95

Chapitre 7 - Éthique et considérations sociales.

Impact sur l'emploi 101

Les enjeux éthiques des technologies quantiques 104

Régulations et gouvernance 107

Perception publique de l'informatique quantique 111

Chapitre 8 - Tendances futures de l'informatique quantique.

Avancées technologiques à surveiller 117

Partenariats et collaborations 120

Innovations en recherche 124

Prévisions sur le développement de l'IA 127

quantique

Chapitre 9 - Les leaders du secteur.

Grandes entreprises en informatique quantique ... 133

Startups innovantes ... 136

La recherche académique ... 139

Investissements et financement ... 142

Chapitre 10 - Conclusion et perspectives.

Résumé des points clés ... 149

L'avenir de l'informatique quantique ... 152

Appels à l'action ... 155

Ressources supplémentaires ... 158

Chapitre 1
Introduction à l'informatique quantique.

Qu'est-ce que l'informatique quantique ?

L'informatique quantique est un domaine émergent qui promet de révolutionner notre façon de traiter et de comprendre l'information. À la différence de l'informatique classique, qui repose sur des bits binaires pouvant être soit 0 soit 1, l'informatique quantique utilise qubits ou bits quantiques. Grâce aux principes de la mécanique quantique, ces qubits peuvent exister dans un état de superposition, ce qui signifie qu'ils peuvent être à la fois 0 et 1 simultanément. Cette propriété unique permet aux ordinateurs quantiques d'effectuer de nombreuses opérations en parallèle, ouvrant ainsi la voie à une puissance de calcul exponentiellement plus grande pour certaines tâches spécifiques.

Un autre concept fondamental de l'informatique quantique est l'intrication quantique, un phénomène où deux qubits peuvent devenir liés de telle manière que l'état de l'un affecte instantanément l'état de l'autre, indépendamment de la distance qui les sépare. Cette propriété est essentielle pour le traitement de l'information quantique, car elle permet une coordination étroite entre les qubits, crucial pour effectuer des calculs complexes. L'intrication est souvent décrite comme le moteur qui alimente le potentiel révolutionnaire de l'ordinateur quantique.

En exploitant ces principes, les ordinateurs quantiques peuvent résoudre certains problèmes beaucoup plus rapidement que les ordinateurs classiques. Par exemple, ils pourraient casser des cryptages complexes, optimiser de vastes réseaux logistiques ou simuler précisément des molécules pour la découverte de nouveaux médicaments — des tâches qui seraient presque impossibles pour les machines classiques. Cependant, il est important de noter que les ordinateurs quantiques ne remplaceront pas totalement leurs homologues classiques. Au lieu de cela, ils seront utilisés pour compléter les ordinateurs traditionnels dans des domaines où leurs capacités uniques sont nécessaires.

Les défis techniques liés à la construction d'un ordinateur quantique fonctionnel sont nombreux et complexes. Ils incluent la stabilisation des qubits, qui sont extrêmement sensibles aux perturbations environnementales. La décohérence, la perte d'information quantique due aux interactions avec l'environnement extérieur, représente un obstacle majeur. Pour surmonter ces difficultés, des approches telles que la correction d'erreurs quantiques et l'utilisation de circuits supraconducteurs sont activement recherchées. Malgré les progrès, construire un ordinateur quantique stable et fiable à grande échelle demeure un défi scientifique et technique énorme.

L'engouement pour l'informatique quantique ne se déploie pas seulement dans le monde académique mais également dans l'industrie. De grandes entreprises technologiques investissent massivement dans la recherche et le développement pour prendre de l'avance dans cette course au quantique. La collaboration entre chercheurs, ingénieurs et entreprises est essentielle pour transformer le potentiel de l'informatique quantique en réalité pratique.

Bien que l'informatique quantique en soit encore à ses balbutiements, avec seulement quelques dispositifs rudimentaires opérationnels à ce jour, son impact futur sur divers secteurs est inéluctable. En fin de compte, l'informatique quantique est plus qu'une simple avancée technologique; elle représente une nouvelle manière de résoudre des problèmes qui façonnent notre compréhension du monde et ouvre des horizons jusque-là inimaginables. L'exploration continue de cette technologie pourrait nous conduire à des avancées imprévisibles, redéfinissant les limites du possible dans une variété de domaines, du calcul scientifique à la cryptographie, en passant par l'intelligence artificielle et bien d'autres.

Historique et évolutions

L'informatique quantique trouve ses racines dans les fondements mêmes de la mécanique quantique, une théorie qui a révolutionné notre compréhension du monde physique au début du XXe siècle. Tout a commencé avec les découvertes pionnières de scientifiques tels que Max Planck, Albert Einstein, Niels Bohr et Werner Heisenberg, qui ont dévoilé l'étrange comportement des particules subatomiques. Ces théories ont introduit des concepts novateurs tels que la superposition, l'intrication et la dualité onde-particule, qui défient notre intuition classique. Ces idées ont non seulement transformé la physique, mais elles ont également semé les graines d'une révolution encore plus vaste dans le domaine de l'informatique.

C'est dans les années 1980 que l'idée d'utiliser les principes de la mécanique quantique pour le calcul a commencé à prendre forme, grâce à des chercheurs comme Richard Feynman et David Deutsch. Feynman, dans ses fameux discours, a mis en avant la difficulté de simuler des systèmes quantiques complexes avec des ordinateurs classiques. Cette observation a conduit à l'idée que les ordinateurs eux-mêmes pourraient être construits sur des principes quantiques, permettant ainsi de traiter des informations d'une manière complètement nouvelle. Deutsch, quant à lui, a proposé un modèle théorique pour de tels ordinateurs, introduisant le concept de "porte logique quantique" et posant les bases de ce que nous connaissons aujourd'hui comme l'ordinateur quantique.

Le véritable tournant est survenu dans les années 1990 avec les travaux de Peter Shor et Lov Grover. Shor a développé un algorithme capable de factoriser rapidement de grands nombres, une tâche que même les ordinateurs classiques les plus puissants rencontrent des difficultés à réaliser efficacement. Cet algorithme a non seulement démontré le potentiel des ordinateurs quantiques à résoudre certains problèmes exponentiellement plus vite que leurs homologues classiques, mais il a aussi eu des implications profondes pour la cryptographie, suscitant un intérêt immense pour le domaine. Grover, de son côté, a conçu un algorithme permettant de rechercher plus rapidement à travers des bases de données non structurées, élargissant encore l'éventail des applications potentielles de l'informatique quantique.

Au fil des décennies, les avancées théoriques se sont accompagnées de développements expérimentaux significatifs. Des groupes de recherche du monde entier ont exploré différentes approches pour construire un ordinateur quantique, en utilisant des technologies basées sur les ions piégés, les supraconducteurs, les photons, entre autres. Chaque méthode présente ses propres défis et avantages, mais toutes partagent l'objectif commun de créer des qubits stables, capables de maintenir leur cohérence suffisamment longtemps pour effectuer des calculs utiles.

Dans les premières décennies du XXIe siècle, les progrès technologiques ont transformé l'informatique quantique d'une curiosité théorique en une réalité émergente. Des entreprises et des institutions universitaires, telles que Google, IBM, Microsoft, et d'autres, ont investi massivement dans la recherche pour développer des processeurs quantiques. Déjà, des prototypes capables d'exécuter des calculs spécifiques ont été dévoilés, atteignant ce que l'on appelle la "suprématie quantique" dans certaines tâches particulières. Ce terme indique que ces machines ont pu effectuer des calculs qui seraient pratiquement impossibles à réaliser avec des supercalculateurs classiques.

L'histoire de l'informatique quantique est donc celle d'une quête audacieuse pour fusionner les mystères de la mécanique quantique avec la puissance du calcul numérique. Cette discipline continue d'évoluer à un rythme rapide, promettant de transformer radicalement des domaines allant de la cryptographie à la modélisation moléculaire, tout en inaugurant une nouvelle ère de technologie qui pourrait redéfinir notre interaction avec l'univers numérique.

Applications potentielles

L'informatique quantique, bien qu'encore en phase de développement, promet de révolutionner de nombreux domaines grâce à ses capacités de calcul exponentiellement supérieures à celles des ordinateurs classiques. L'une des applications les plus discutées est la cryptographie quantique. Avec l'augmentation des capacités des ordinateurs quantiques, les méthodes de cryptage actuelles, qui reposent sur la difficulté de résoudre certains problèmes mathématiques, pourraient devenir obsolètes. Cependant, l'informatique quantique offre elle-même des solutions de cryptographie plus sûres grâce au principe de l'intrication, qui permet de détecter toute tentative d'interception de l'information quantique. Cette sécurité accrue est cruciale non seulement pour les communications militaires et gouvernementales, mais aussi pour protéger la vie privée des individus et la sécurité des transactions financières.

Dans le domaine de la santé, les ordinateurs quantiques pourraient transformer la recherche médicale et le développement de médicaments. La simulation de molécules complexes, nécessaire pour comprendre les interactions biologiques et chimiques, est incroyablement coûteuse et prend du temps avec les ordinateurs classiques. Les ordinateurs quantiques, en revanche, excelleront dans cette tâche, réduisant le temps et le coût nécessaires pour concevoir de nouveaux médicaments. Cela pourrait mener à des avancées significatives dans le traitement de maladies actuellement incurables, personnalisant les soins de santé jusqu'à un niveau jamais atteint.

Le secteur de la finance est également susceptible de voir des transformations majeures grâce à l'informatique quantique. Les algorithmes de résolution de problèmes complexes pourront optimiser les portefeuilles d'investissement, gérer le risque de manière plus efficace et détecter les fraudes avec une précision accrue. Les institutions financières pourront exploiter le traitement extrêmement rapide des ordinateurs quantiques pour analyser de vastes ensembles de données en temps réel, leur permettant de mieux anticiper et réagir aux fluctuations du marché.

En intelligence artificielle, l'informatique quantique pourrait activer des méthodes d'apprentissage profond bien plus puissantes. Les modèles actuels sont limités par la capacité de calcul classique, mais l'approche quantique pourrait permettre l'analyse simultanée de multiples solutions possibles, améliorant considérablement la reconnaissance de formes complexes et la prédiction. Cela ouvrirait la porte à des avancées majeures en robotique, en traitement du langage naturel et en vision par ordinateur, conférant aux machines une capacité accrue à comprendre et interagir avec le monde qui les entoure.

Enfin, le domaine logistique et de la gestion des ressources bénéficieront également des avancées en informatique quantique. L'optimisation des itinéraires pour le transport, la gestion efficace des stocks et même la prévision précise des demandes sont des applications potentielles. Les ordinateurs quantiques, en résolvant des problèmes d'optimisation complexes, permettront aux entreprises de réduire les coûts, d'améliorer l'efficacité et de renforcer leur impact environnemental en minimisant le gaspillage de ressources.

Il est évident que l'informatique quantique possède

un potentiel énorme pour transformer presque tous les aspects de notre vie quotidienne et nos industries. Cependant, ses capacités restent en grande partie théoriques et contraintes par les défis technologiques actuels. Tandis que la recherche et les développements continuent de progresser à un rythme soutenu, il devient de plus en plus crucial de préparer notre société à cette révolution, non seulement en termes de technologie, mais aussi de compétences, d'éthique et de réglementation.

Les différences avec l'informatique classique

L'informatique quantique représente un changement de paradigme par rapport à l'informatique classique, exploitant les principes de la mécanique quantique pour réaliser des calculs de manière fondamentalement différente. Dans l'informatique classique, l'unité fondamentale de l'information est le bit, qui peut prendre l'une de deux valeurs : 0 ou 1. En revanche, l'unité de base de l'information dans un ordinateur quantique est le qubit. Ce qubit n'est pas limité à un état binaire classique. Grâce à la superposition, un qubit peut exister dans une combinaison linéaire d'états, représentant simultanément 0 et 1 avec certaines probabilités. Cette capacité à traiter plusieurs états à la fois permet aux ordinateurs quantiques de résoudre certains problèmes beaucoup plus rapidement que les ordinateurs classiques.

Mais ce n'est pas la seule différence majeure. L'entanglement, ou intrication quantique, est une autre caractéristique clé des systèmes quantiques. Deux qubits intriqués deviennent indissociables, de sorte que l'état de l'un est instantanément lié à l'état de l'autre, même lorsqu'ils sont séparés par de grandes distances. Cela crée des corrélations qui peuvent être utilisées pour effectuer des calculs complexes de manière plus efficace que ce qui est possible classiquement. Imaginez une série de pièces de monnaie, où le retournement de l'une d'elles affecte instantanément toutes les autres de manière prévisible. Cela permet des formes de communication et de traitement de l'information que la physique classique ne peut pas expliquer.

Une autre différence importante réside dans le phénomène d'interférence quantique, qui permet d'amplifier les solutions correctes tout en annulant les mauvaises solutions pendant un calcul. Dans les algorithmes quantiques, les chemins vers la solution sont explorés en parallèle, et les résultats indésirables peuvent s'annuler en raison de l'interférence constructive et destructive. C'est l'une des raisons pour lesquelles des algorithmes comme celui de Shor, utilisé pour la factorisation des nombres entiers, peuvent être tellement plus puissants que leurs homologues classiques.

Le phénomène de déphasage quantique représente cependant un défi conséquent pour les ordinateurs quantiques. Dans le monde classique, l'état binaire est stable et persiste jusqu'à ce qu'une action extérieure le modifie. En comparaison, les états quantiques sont sujets à des perturbations environnementales qui peuvent détruire la superposition et l'intrication, en effaçant potentiellement les informations qu'ils contiennent. Ainsi, les ordinateurs quantiques doivent être conçus pour minimiser et corriger ces erreurs, rendant le calcul quantique fiable.

En termes de capacité de calcul, les ordinateurs quantiques ne surpassent pas les ordinateurs classiques pour toutes les tâches. Pour les tâches ordinaires du quotidien, un ordinateur classique reste plus efficace. Cependant, pour des problèmes spécifiques comme ceux de l'optimisation complexe, la simulation moléculaire, et la cryptanalyse, le calcul quantique a le potentiel de transformer notre façon de vivre et de travailler en apportant des solutions qui sont hors de portée des ordinateurs classiques.

Le calcul quantique n'est pas simplement une version plus rapide de l'informatique classique, mais plutôt une approche entièrement nouvelle. Il transforme notre compréhension de ce qui est calculable et avec quelle efficacité. Cela ouvre des avenues inexploitées, pourtant il reste des défis technologiques à surmonter avant que son potentiel ne soit pleinement réalisé. En plongeant plus profondément dans ces différences et en surmontant les barrières techniques actuelles, l'informatique quantique nous permettra non seulement d'améliorer nos capacités de calcul, mais potentiellement de redéfinir l'information elle-même.

Chapitre 2
Les principes de la mécanique quantique.

Les états quantiques

Les états quantiques sont au cœur de la représentation et du fonctionnement des systèmes quantiques. En mécanique quantique, contrairement à la mécanique classique où un état est décrit par des positions et des vitesses clairement définies, un état quantique est défini par une fonction d'onde, généralement représentée par le symbole . Cette fonction d'onde contient toutes les informations possibles sur un système quantique. L'un des aspects les plus fascinants de cette représentation est probablement l'idée de superposition, qui stipule que tant qu'un système n'est pas observé, il peut exister simultanément dans plusieurs états. Ce concept, illustré par le célèbre paradoxe du chat de Schrödinger, est fondamental pour comprendre comment les ordinateurs quantiques exploitent ces propriétés pour effectuer des calculs.

La nature probabiliste des états quantiques est une rupture radicale avec l'approche déterministe de la physique classique. Lorsque l'on mesure un système quantique, la fonction d'onde "s'effondre" pour donner un résultat unique, une valeur parmi toutes les possibilités superposées. Avant l'observation, il n'est cependant possible que de calculer des probabilités de résultats éventuels. Ceci est décrit mathématiquement par l'amplitude de probabilité associée à chaque état possible, dont le carré donne la probabilité effective d'observer cet état lors d'une mesure. Cette caractéristique probabiliste est au cœur même de la fameuse incertitude de Heisenberg, qui stipule que certaines paires de propriétés, comme la position et la vitesse, ne peuvent être connues avec précision simultanément.

En informatique quantique, les états quantiques se manifestent à travers l'utilisation des qubits, éléments analogues au bit classique. Un qubit peut être dans l'état |0, l'état |1, ou toute superposition linéaire des deux, ce qui lui permet de traiter beaucoup plus d'informations qu'un bit classique. Cette capacité à être dans plusieurs états simultanément confère aux ordinateurs quantiques leur puissance potentielle, car ils peuvent effectuer un grand nombre de calculs en parallèle.

L'entanglement, ou l'intrication quantique, est un autre aspect crucial des états quantiques qui diffère profondément de nos intuitions classiques. Lorsqu'ils sont intriqués, les états de deux ou plusieurs particules ne peuvent être décrits indépendamment les uns des autres. Une mesure effectuée sur une particule intriquée affecte instantanément l'état de l'autre, quel que soit leur éloignement spatial. Cet effet, qu'Einstein qualifiait de "spooky action at a distance", est utilisé dans la téléportation quantique et joue un rôle central dans les protocoles de cryptographie quantique.

Dans l'univers des états quantiques, la dualité onde-particule vient compléter notre compréhension. Les entités quantiques, comme les électrons et les photons, présentent un comportement à la fois ondulatoire et particulaire, selon le type d'observation effectué. Cette dualité est à la base d'expériences célèbres telles que l'expérience des fentes de Young, qui démontre la nature ondulatoire des particules. Comprendre ces principes est essentiel pour pénétrer dans l'univers singulier de l'informatique quantique, où les règles classiques cèdent la place à un monde profondément interconnecté et plein de surprises.

Superposition et intrication

La mécanique quantique, souvent décrite comme la physique de l'infiniment petit, repose sur plusieurs principes fondamentaux qui, bien que déroutants, sont cruciaux pour comprendre l'informatique quantique. Parmi ces concepts, la superposition et l'intrication jouent un rôle central.

Commençons par la superposition, un phénomène qui défie notre intuition classique. Dans le monde quantique, les particules telles que les électrons ou les photons ne possèdent pas de propriétés définies jusqu'à ce qu'elles soient observées. Contrairement aux objets que nous connaissons dans notre quotidien, qui existent dans un état bien déterminé, une particule quantique peut se trouver dans plusieurs états à la fois. Pour illustrer ce concept, imaginons un qubit, l'unité fondamentale de l'information quantique, qui est l'analogue du bit classique. Un bit classique est binaire et peut être soit 0 soit 1. Cependant, un qubit, grâce à la superposition, peut exister simultanément dans un état 0 et un état 1, avec certaines probabilités associées à chaque état. Cette capacité à représenter et à manipuler plusieurs états à la fois confère aux ordinateurs quantiques une puissance de calcul potentiellement exponentielle par rapport aux ordinateurs traditionnels.

Mais la magie du monde quantique ne s'arrête pas là. Un autre phénomène, tout aussi intriguant, est l'intrication quantique. Lorsqu'il a été découvert pour la première fois, même Albert Einstein le considérait comme "une action effrayante à distance". L'intrication se produit lorsque deux particules quantiques, qui peuvent être très éloignées l'une de l'autre, deviennent corrélées de telle manière que l'état de l'une est instantanément lié à l'état de l'autre, peu importe la distance qui les sépare. Cela signifie que si vous mesurez l'état d'une des particules, l'état de la seconde particule sera instantanément déterminé, même si elles sont aux antipodes de l'univers. Cette propriété permet aux qubits intriqués de communiquer de l'information entre eux de manière inédite, offrant des implications fascinantes pour le traitement et le transfert de l'information quantique.

La combinaison de la superposition et de l'intrication est ce qui rend l'informatique quantique si potentiellement révolutionnaire. Grâce à la superposition, un ordinateur quantique est capable de traiter une vaste quantité d'informations en parallèle. Par le biais de l'intrication, ces informations peuvent être partagées, transférées et traitées avec une efficacité qui défie les limites actuelles de la technologie informatique traditionnelle. Imaginez un réseau d'ordinateurs quantiques intriqués réalisant des calculs complexes, où les résultats de chaque nœud sont instantanément partagés avec les autres. Cela pourrait offrir des avancées considérables dans des domaines aussi divers que la cryptographie, la chimie quantique, et l'intelligence artificielle.

En explorant ces concepts, il devient évident que la superposition et l'intrication ne sont pas simplement des curiosités du monde quantique. Ils sont les piliers des technologies qui pourraient transformer notre interaction avec l'information. Alors que nous avançons dans cette nouvelle ère de découverte, comprendre ces phénomènes nous rapproche un peu plus de la saisie du potentiel illimité de l'informatique quantique.

Mesure quantique

La mesure quantique est un concept fondamental de l'informatique quantique et de la mécanique quantique, illustrant la différence frappante entre la vision classique et quantique de l'univers. Pour comprendre la mesure quantique, il faut d'abord réaliser que, dans le monde quantique, les objets ne possèdent pas de propriétés définies avant d'être mesurés. Au lieu de cela, les systèmes quantiques, tels que les électrons ou les photons, se trouvent dans un état superposé, décrit par une fonction d'onde. Cette fonction d'onde contient toutes les informations possibles sur l'état du système, mais ces informations sont encapsulées dans une pluralité de possibilités. En d'autres termes, un électron peut exister dans plusieurs états à la fois, par exemple avoir plusieurs positions ou spins possibles, jusqu'à ce qu'une mesure soit effectuée.

Lorsqu'une mesure est réalisée, la fonction d'onde "s'effondre" pour donner un résultat déterminé, dicté par des probabilités inhérentes aux lois de la mécanique quantique. Cet effondrement signifie que le système choisit un seul des nombreux états possibles prévus par sa fonction d'onde. Cette propriété confère à la mesure quantique un élément de mystère et de hasard absolument absent de la physique classique. Une implication fascinante en est que la simple observation du système quantique peut influencer son état, transformant ainsi l'observateur d'un simple spectateur en une partie intégrante du phénomène.

La nature probabiliste de la mesure quantique est exemplifiée par l'expérience de pensée du chat de Schrödinger, où un chat enfermé dans une boîte est décrit comme étant simultanément vivant et mort jusqu'à ce qu'une observation soit faite. Bien que cet exemple soit fictif et destiné à illustrer la bizarrerie de la mécanique quantique, il aide à souligner que, jusqu'à ce qu'une observation quantique soit réalisée, toutes les potentialités représentent une réalité tangible et viable.

Ce phénomène a des implications profondes pour l'informatique quantique, où des bits quantiques ou "qubits" sont utilisés pour tirer parti de l'étrangeté quantique. Contrairement aux bits classiques qui doivent être soit 0, soit 1, un qubit peut exister dans une superposition de 0 et de 1 jusqu'à ce qu'une mesure soit effectuée, après quoi il se retrouve dans l'un des états avec une certaine probabilité. Cette capacité à manipuler la superposition des qubits permet aux ordinateurs quantiques de résoudre certains problèmes avec une efficacité largement supérieure à celle des ordinateurs classiques. Malgré cela, cette même faculté amène des défis considérables, notamment dans la précision et le contrôle de la mesure pour extraire l'information désirée sans perturber excessivement le système quantique.

L'interface entre l'information quantique et sa lecture précise illustre combien la mesure quantique reste un sujet de recherche actif et fertile. En physique quantique, les recherches actuelles s'efforcent non seulement de comprendre davantage le processus de mesure, mais aussi de développer des techniques pour minimiser l'impact de la mesure sur les systèmes quantiques. Des concepts comme la décohérence et les mesures faibles sont à l'avant-garde de cette enquête, avec l'espoir de pousser encore plus loin les limites actuelles de la technologie quantique. En pénétrant les méandres de la mesure quantique, on entre véritablement dans le cœur des mystères qui font à la fois la force et la complexité de l'informatique quantique.

Les portes quantiques

Les portes quantiques constituent l'un des éléments

fondamentaux de l'informatique quantique et sont essentielles pour la manipulation et le traitement de l'information dans un ordinateur quantique. À l'instar des portes logiques classiques qui opèrent sur des bits, les portes quantiques agissent sur des qubits, ces unités d'information fondamentales dans le monde quantique. Cependant, contrairement aux bits classiques qui existent uniquement dans des états binaires de 0 ou de 1, les qubits peuvent exister simultanément dans une superposition de ces états, grâce aux principes de la mécanique quantique. Cette superposition permet aux qubits de réaliser plusieurs calculs à la fois, apportant une puissance de calcul exponentiellement supérieure.

La magie des portes quantiques réside dans leur capacité à manipuler ces états superposés et à exploiter d'autres phénomènes quantiques comme l'intrication. Par exemple, la porte Hadamard, l'une des plus emblématiques, crée une superposition égale des états 0 et 1 à partir d'un état de base. Elle joue un rôle crucial dans les algorithmes quantiques, offrant ce parallélisme quantique caractéristique qui défie les limites de l'informatique classique. Une autre porte fondamentale est la porte CNOT (Controlled NOT), qui non seulement opère sur un qubit cible mais dont l'action dépend de l'état d'un qubit de contrôle. Elle est un pilier essentiel pour générer l'intrication, une ressource cruciale permettant aux qubits de partager des informations instantanément, indépendamment de la distance qui les sépare.

Le fonctionnement des portes quantiques repose sur des matrices unitaires, qui assurent que les opérations effectuées sont réversibles. Cette réversibilité est une distinction majeure par rapport aux opérations classiques, où la perte d'information est courante. En mécanique quantique, la conservation de l'information est fondamentale, et les matrices unitaires utilisées dans les portes quantiques préservent l'intégrité de l'information quantique tout au long du processus de calcul. Parmi d'autres portes clés, on trouve la porte Pauli-X, qui agit comme l'équivalent quantique d'un NOT classique en inversant les états de qubit, ou la porte de phase S, qui modifie la phase d'un état superposé, affectant ainsi les interférences quantiques lors des calculs.

Les portes quantiques ne fonctionnent pas isolément mais se combinent pour former des circuits quantiques capables de résoudre des problèmes complexes. Ces circuits sont conçus pour tirer parti de la superposition, de l'intrication et de l'interférence, les trois grands piliers de l'avantage quantique. Un circuit quantique bien pensé peut, grâce à ces principes, effectuer des calculs en un temps exponentiellement réduit par rapport aux algorithmes classiques. Cependant, bien que théoriquement prometteuse, la mise en œuvre pratique des portes quantiques pose des défis majeurs, notamment en matière de détection et de correction des erreurs quantiques, dues à la fragilité intrinsèque des états quantiques face aux perturbations environnementales.

En synthèse, les portes quantiques sont les briques essentielles sur lesquelles repose le traitement de l'information dans les futurs ordinateurs quantiques. Maîtriser leur fonctionnement ouvre la voie à une compréhension plus approfondie et à l'exploitation du potentiel colossal de l'informatique quantique, une technologie en plein essor qui pourrait révolutionner notre approche du calcul et de la résolution de problèmes intractables par les moyens classiques.

Chapitre 3
Les algorithmes quantiques.

L'algorithme de Shor

L'algorithme de Shor représente l'une des avancées les plus remarquables de l'informatique quantique, révélé par le mathématicien Peter Shor en 1994. Cet algorithme a démontré le potentiel exceptionnel des ordinateurs quantiques dans le domaine du calcul, particulièrement en matière de factorisation des grands nombres entiers, un problème jugé complexe pour les ordinateurs classiques. Conçu pour factoriser efficacement les nombres, l'algorithme de Shor menace la sécurité des systèmes cryptographiques modernes, comme le RSA, qui se fondent précisément sur la difficulté de cette tâche. Considéré comme un problème de NP (problèmes vérifiables en temps polynomial), la factorisation des entiers a résisté aux méthodes classiques, nécessitant un temps exponentiel pour résoudre des cas suffisamment grands.

Le cœur de l'algorithme de Shor repose sur le concept quantique de superposition et d'interférence, permettant à un ordinateur quantique d'explorer simultanément de nombreuses solutions possibles. En résumé, l'algorithme se divise en deux parties essentielles : une classique et une quantique. La partie classique s'attaque à la transformation du problème de factorisation en un problème de calcul de période, une tâche que l'ordinateur quantique exécute avec une efficacité redoutable. Pour cela, il exploite la transformée de Fourier quantique, une technique spécialement adaptée aux systèmes quantiques permettant de déterminer le caractère périodique d'une séquence de nombres avec une précision impossible à atteindre sur les systèmes traditionnels.

Dans sa mise en œuvre, l'algorithme de Shor commence par choisir un nombre aléatoire qui ne partage pas de facteurs premiers avec le nombre à factoriser, un processus qui joue sur la nature probabilistique des opérations quantiques. Ensuite, le cœur de l'algorithme quantique entre en jeu avec la préparation d'états de superposition, où un registre quantique encode simultanément toutes les puissances du nombre aléatoire choisi. C'est grâce à la puissance des qubits, ces unités de stockage d'information aux propriétés uniques, que l'ordinateur quantique peut explorer toutes les puissances en parallèle.

La véritable magie de l'algorithme de Shor réside

dans sa capacité à faire interférer ces états de superposition pour extraire une information utile – la période recherchée. Une fois la transformée de Fourier quantique appliquée, l'ordinateur quantique peut analyser le motif de ces interférences pour révéler la période avec une probabilité de succès élevée. Cette période est ensuite utilisée dans la partie classique de l'algorithme pour déterminer les facteurs potentiels du nombre original avec une précision beaucoup plus grande.

Pour les cryptographes et les scientifiques, l'algorithme de Shor représente autant une menace qu'une promesse. Il souligne la nécessité de développement de nouvelles méthodes cryptographiques post-quantiques qui sauront résister à la puissance des futures machines quantiques. En même temps, il ouvre des perspectives fascinantes sur la résolution de problèmes mathématiques de longue date. Si aujourd'hui les ordinateurs quantiques généralistes capables d'exécuter l'algorithme de Shor pour des nombres gigantesques restent à l'état de prototype, les recherches et développements dans ce domaine avancent à un rythme soutenu, promettant un futur où l'informatique quantique redéfinira les frontières du possible.

L'algorithme de Grover

L'algorithme de Grover représente une avancée significative dans le domaine de l'informatique quantique, offrant une solution efficace aux problèmes de recherche non structurée. Alors que les ordinateurs classiques nécessitent un temps proportionnel à la taille de la base de données pour vérifier toutes les entrées, l'algorithme de Grover exploite le parallélisme quantique pour effectuer cette tâche beaucoup plus rapidement. À sa base, cet algorithme utilise la superposition des qubits, permettant à un ordinateur quantique de tester plusieurs solutions en même temps. La puissance de cet algorithme réside dans sa capacité à retrouver un élément particulier dans un ensemble non structuré avec un nombre de requêtes proportionnel à la racine carrée du nombre d'entrées, ce qui constitue un avantage considérable par rapport aux méthodes classiques.

L'algorithme commence par préparer un état de superposition uniforme de tous les éléments. Cela se fait en appliquant une porte de Hadamard à chaque qubit, créant ainsi un scénario où chaque élément possible de la base de données est également probable. Ensuite, le mécanisme central de l'algorithme introduit une fonction dite "oracle", qui marque l'élément recherché sans en révéler la position. Cela signifie qu'après avoir appliqué l'oracle, l'amplitude de probabilité de l'élément recherché est inversée, tandis que celles des autres éléments restent inchangées. La prochaine étape majeure est l'amplification d'amplitude, souvent appelée pas de Grover. Cette étape vise à augmenter progressivement la probabilité de l'élément marqué en ajustant les amplitudes des états superposés, exploitant la nature ondulatoire des qubits pour renforcer l'état de l'élément désiré tout en réduisant les autres.

Ian Grover a démontré que répéter ce processus un nombre optimal de fois, spécifiquement environ N où N est le nombre total d'éléments, maximise la probabilité de mesurer finalement l'état recherché. Ce processus met en lumière l'efficacité de l'algorithme dans des cas où des bases de données vastes et désordonnées doivent être parcourues pour une recherche spécifique, tel que trouver un numéro de téléphone dans un annuaire, où les listes ne seraient pas organisées par ordre alphabétique. En théorie, cette accélération quadratique a le potentiel de révolutionner des champs entiers où des opérations de recherche jouent un rôle clé, du cryptage à l'intelligence artificielle.

L'algorithme de Grover est, par conséquent, l'un des piliers pour démontrer l'avantage pratique des ordinateurs quantiques sur leurs homologues classiques. Toutefois, il convient de noter que, pour l'instant, cet avantage est théorique, car les ordinateurs quantiques capables de gérer cette complexité ne sont pas encore pleinement réalisés. De plus, l'algorithme doit être implémenté dans un environnement où l'erreur quantique peut être efficacement gérée, car des perturbations même mineures peuvent fausser les résultats. Néanmoins, la compréhension et le développement continu de l'algorithme de Grover soulignent non seulement les possibilités futures de l'informatique quantique, mais également les défis techniques et scientifiques qui restent à surmonter pour transformer ces promesses en réalités tangibles.

Les algorithmes quantiques de simulation

Les algorithmes quantiques de simulation

représentent une fascinante application de l'informatique quantique, offrant un potentiel extraordinaire pour comprendre des systèmes complexes qui échappent aux approches classiques. L'idée de base de ces algorithmes est de tirer parti des propriétés quantiques comme la superposition et l'intrication pour modéliser des systèmes qui suivent les lois de la mécanique quantique. Ce domaine s'avère particulièrement pertinent pour la chimie quantique et la physique des matériaux, où les interactions entre les particules et les états d'énergie complexes peuvent devenir inextricables pour les ordinateurs conventionnels.

L'une des forces majeures des algorithmes quantiques de simulation réside dans leur capacité à simuler les systèmes quantiques de manière intrinsèquement plus efficace. Contrairement aux ordinateurs classiques, les ordinateurs quantiques peuvent représenter des états quantiques en utilisant des qubits, qui, grâce à la superposition, permettent de modéliser simultanément plusieurs états d'un système. Cette capacité fournit un avantage exponentiel dans la représentation et le calcul des systèmes complexes. Par exemple, la simulation de molécules avec un grand nombre d'électrons et une structure électronique complexe devient possible avec un nombre de ressources bien moindre que ce qui serait nécessaire avec les capacités classiques actuelles.

Un aspect crucial des algorithmes de simulation quantique est leur application à la chimie quantique, consistant à déterminer les structures et propriétés électroniques des molécules. Dans la recherche scientifique et industrielle, cela a des implications massives pour la conception de nouveaux médicaments, matériaux et réactions chimiques. En effectuant ces calculs plus rapidement et avec une précision accrue, les algorithmes quantiques de simulation ont le potentiel de transformer la manière dont les scientifiques abordent la découverte moléculaire. Parmi les algorithmes les plus connus dans ce domaine, l'algorithme de phase estimation quantique et la méthode de variation quantique de l'état eigen (VQE) démontrent respectivement comment les propriétés des systèmes chimiques complexes peuvent être calculées efficacement.

Les algorithmes quantiques de simulation

s'étendent également à d'autres domaines comme la physique des matériaux, où comprendre les propriétés des matériaux exotiques à des températures et pressions extrêmes demande des simulations précises. Ces simulations sont essentielles pour le développement de nouvelles technologies, par exemple dans la création de supraconducteurs à haute température ou de nouveaux types de semi-conducteurs. Grâce à ces algorithmes, il devient possible d'explorer des propriétés physiques qui n'ont jamais été calculées ou observées auparavant, ouvrant la porte à de nouvelles découvertes scientifiques.

Bien que l'énorme potentiel des algorithmes quantiques de simulation ne soit pas encore entièrement exploité, notamment en raison des défis posés par la décohérence et le bruit dans les systèmes quantiques actuels, des progrès constants dans le développement matériel et logiciel renforcent l'espoir en leur succès futur. Les efforts mondiaux pour construire des ordinateurs quantiques plus robustes et fiables continuent de s'accélérer, promettant de renforcer ces capacités de simulation à l'avenir. Finalement, les algorithmes quantiques de simulation s'annoncent comme un outil incontournable, susceptible de révolutionner notre compréhension de la matière à l'échelle la plus fondamentale et ce, pour une abondance d'applications qui façonneront la technologie de demain.

Comparaison avec les algorithmes classiques

L'informatique quantique, bien qu'émergente, offre des perspectives singulièrement fascinantes lorsqu'on la compare avec les approches classiques, notamment dans le domaine des algorithmes. Pour bien cerner ces différences, il est essentiel de comprendre comment les particules quantiques, telles que les qubits, ouvrent de nouvelles voies dans le traitement de l'information, permettant ainsi d'explorer des algorithmes non réalisables sur des ordinateurs classiques.

Les algorithmes quantiques exploitent le phénomène de superposition, qui permet aux qubits de représenter simultanément plusieurs états. Cette multiplicité d'états d'un seul qubit contraste nettement avec les bits classiques, qui ne représentent qu'un état à la fois, durcissant les opérations computationnelles classiques en série, là où l'informatique quantique propose une exécution en parallèle de multiples calculs. Cet avantage intrinsèque est parfaitement illustré par l'algorithme de Shor, qui décompose rapidement des grands nombres en facteurs premiers. Là où un algorithme classique peut nécessiter des centaines, voire des milliers d'années pour accomplir cette tâche avec les plus grands nombres, un ordinateur quantique peut potentiellement l'exécuter en quelques heures, révolutionnant ainsi la manière dont nous envisageons la cryptographie.

Un autre aspect crucial réside dans le principe d'intrication quantique, qui lie deux qubits de telle manière que l'état de l'un est directement dépendant de l'état de l'autre, indépendamment de la distance qui les sépare. Cette caractéristique permet des corrélations qui optimisent des fonctions telles que celles que l'on trouve dans les algorithmes de recherche de base de données. L'algorithme de Grover illustre cette avantage en rendant plus rapides des tâches traditionnellement lancinantes, réduisant le temps de recherche quadratique d'un élément particulier dans une base de données non triée. Typiquement, sur un ordinateur classique, cette opération demanderait un temps proportionnel à la taille de la base de données, alors qu'un ordinateur quantique peut accomplir cette tâche en une racine carrée du temps nécessaire, ce qui multiplie l'efficacité de manière exponentielle.

Malgré ces avancées, il ne faut pas sous-estimer la robustesse des algorithmes classiques, qui demeurent supérieurs dans de nombreux contextes et pour une large gamme de problèmes actuels. La complexité de mise en œuvre des systèmes quantiques, la fragilité des qubits aux interférences extérieures et les défis liés à la correction d'erreurs sont autant de facteurs limitants qui confinent pour l'instant les ordinateurs quantiques à des tâches spécifiques où leur avantage est le plus marqué. Tandis que les algorithmes classiques sont polyglottes, s'intégrant sans faille dans l'infrastructure informatique mondiale existante, les systèmes quantiques nécessitent encore le développement de méthodes d'intégration avec des architectures hybrides pour optimiser pleinement leur potentiel.

Ce dialogue entre informatique classique et quantique est loin d'être figé et, bien que ces derniers possèdent des avantages théoriques impressionnants, il reste un long chemin avant que ces technologies ne deviennent monnaie courante. Au final, le véritable bénéfice de ces comparaisons réside non pas dans la suprématie de l'une ou l'autre approche mais dans la manière dont elles peuvent se compléter pour créer une ère nouvelle de solutions informatiques, où chaque algorithme est employé là où il est le plus efficace. Les algorithmes quantiques ne visent pas à remplacer les approches classiques, mais plutôt à les transcender, offrant ainsi un complément indispensable qui transformera, de manière graduelle mais certaine, notre capacité à résoudre des problèmes autrefois inconcevables.

Chapitre 4
Matériel et architecture des ordinateurs quantiques.

Qubits : types et technologies

Les qubits, ou bits quantiques, constituent l'élément fondamental de l'informatique quantique, tout comme les bits classiques le sont pour l'informatique traditionnelle. Cependant, à la différence de leurs homologues classiques, les qubits peuvent exister dans un état de superposition, ce qui signifie qu'ils peuvent représenter simultanément 0 et 1. Cette propriété, associée à l'intrication et la détection des erreurs quantiques, offre aux ordinateurs quantiques le potentiel pour effectuer des calculs immensément complexes avec une efficacité inégalée. Les technologies de qubits exploitent divers phénomènes quantiques pour stocker et manipuler ces états, et bien qu'aucune méthode n'ait encore émergé comme la norme, plusieurs approches prometteuses sont en pleine exploration.

Le qubit supraconducteur, par exemple, repose sur la physique des circuits supraconducteurs. Ces qubits exploitent la capacité de certains matériaux à conduire des courants électriques sans résistance sous des températures extrêmement basses, généralement proches du zéro absolu. Les circuits supraconducteurs, souvent élaborés avec de l'aluminium, permettent d'assembler des qubits basés sur des jonctions Josephson. Ces dispositifs augmentent l'intégration avec des circuits microélectroniques existants, offrant un chemin plausible vers l'évolutivité.

Les ions piégés, une autre technologie de qubit, impliquent l'utilisation de champs électriques ou magnétiques pour confiner des ions suspendus dans le vide. Chaque ion agit comme un qubit, et les opérations se déroulent généralement par le biais d'impulsions laser précises qui manipulent leurs états énergétiques. Les qubits basés sur les ions piégés présentent des avantages significatifs en termes de cohérence et d'exactitude, bien que les défis liés à leur manipulation et à leur mise à l'échelle subsistent.

Les qubits topologiques, quant à eux, sont fondés sur les propriétés exotiques des particules dites anyons qui obéissent à une physique non triviale de l'échange statistique, allant au-delà du paradigme fermionique ou bosonique. La robustesse accrue des qubits topologiques contre les perturbations environnementales s'avère prometteuse pour le développement de systèmes quantiques fiabilisés. Pourtant, cette technologie est encore en phase expérimentale, requérant des recherches supplémentaires pour prouver sa faisabilité.

D'autres approches, comme les qubits basés sur le spin dans les matériaux semi-conducteurs ou dans les diamants dopés par des centres de nitrure de bore ou des défauts NV (azote-lacune), offrent des alternatives fascinantes. Ces qubits profitent des propriétés intrinsèques du spin d'un électron ou d'un noyau atomique, ce qui permet une manipulation potentiellement plus précise avec des appareils à moindre coût. Toutefois, la sensibilité de ces qubits à leur environnement constitue une barrière significative à leur application pratique.

En dépit des variétés de technologies de qubits en développement, les efforts pour intégrer et interconnecter ces qubits à grande échelle représentent un défi crucial. Construire un ordinateur quantique fonctionnel et à grande échelle nécessite non seulement des qubits fiables, mais aussi des architectures permettant de minimiser les erreurs et de maximiser la durée de cohérence, tout en assurant un contrôle et une interconnexion efficaces des milliers, voire des millions, de qubits nécessaires. Le domaine de l'informatique quantique reste profondément enchevêtré dans un délicat mélange de théories avant-gardistes et d'innovations technologiques. Chaque avancée technologique rendue possible dans la compréhension et l'application des qubits nous rapproche de cette ère révolutionnaire de calcul quantique, une ère qui promet de transcender les limites conventionnelles de ce qui est calculable.

Erreurs et correction des qubits

Dans le fascinant domaine de l'informatique quantique, l'une des plus grandes difficultés techniques réside dans la gestion des erreurs et la correction des qubits. Les qubits, unités fondamentales des ordinateurs quantiques, existent dans un état de superposition, ce qui les rend extrêmement sensibles aux perturbations externes. Ces perturbations, que l'on appelle généralement "décohérence", peuvent altérer ou détruire les informations encodées dans les qubits, compromettant ainsi la précision et la fiabilité des calculs quantiques.

La décohérence découle souvent de l'interaction des qubits avec leur environnement, qu'il s'agisse de variations de température, de vibrations mécaniques ou de bruits électromagnétiques. Ces facteurs externes entraînent des erreurs de mesure et de traitement, ce qui constitue un défi majeur pour le développement de systèmes quantiques stables. Pour contrer ces perturbations, les chercheurs ont développé plusieurs techniques de correction d'erreurs quantiques. Contrairement à l'informatique classique où la redondance de bits de données peut résoudre les erreurs grâce à des codes correcteurs, l'application de ces principes à l'échelle quantique est bien plus complexe. En effet, la nature quantique des qubits interdit une simple duplication des états en raison des principes d'incertitude et de non-clonage. Ainsi, la correction d'erreurs quantiques repose sur des méthodes sophistiquées qui exploitent des concepts tels que l'intrication et la mesure destructive.

L'une des stratégies employées est le code de surface, une approche qui utilise un maillage bidimensionnel de qubits pour détecter et corriger les erreurs. Chaque qubit de ce réseau interagit avec ses voisins, et cette interdépendance permet de surveiller l'état global du système sans perturber les états individuels des qubits. Une autre technique novatrice est l'utilisation de codes topologiques, qui préservent l'information à travers des propriétés globales de circuits quantiques, rendant ainsi les systèmes plus résistants aux erreurs locales.

En parallèle, les chercheurs s'attachent à améliorer la qualité physique des qubits eux-mêmes. Les qubits supraconducteurs, par exemple, bénéficient d'une protection supplémentaire contre les perturbations grâce à leur capacité à conduire l'électricité sans résistance à des températures extrêmement basses. De même, les qubits à base de ions piégés présentent une stabilité remarquable en raison de la façon dont les particules chargées sont confinées et manipulées au sein de champs électromagnétiques. Ces avancées matérielles sont cruciales pour réduire les taux d'erreur et prolonger la cohérence des qubits.

Malgré ces progrès, trouver un équilibre entre la performance des qubits et la complexité des systèmes de correction d'erreurs demeure un défi. L'efficacité des algorithmes quantiques dépend également de la capacité à maintenir un faible taux d'erreur sur de nombreux cycles de calcul, un aspect critique pour réaliser le potentiel des ordinateurs quantiques dans des applications telles que la résolution de problèmes complexes en chimie, en cryptographie et en optimisation.

Ainsi, l'élaboration de mécanismes fiables de correction des qubits est au cœur des efforts de recherche pour faire de l'informatique quantique une réalité pratique et stable. Au-delà des progrès théoriques, l'intégration de ces technologies dans des architectures quantiques viables reste un domaine en pleine expansion, promettant de transformer radicalement notre manière de traiter l'information à l'avenir.

Architecture des ordinateurs quantiques

L'architecture des ordinateurs quantiques se distingue fondamentalement de celle des ordinateurs classiques par son recours à des concepts novateurs qui émanent de la mécanique quantique. À la place des bits classiques, qui représentent soit un 0 soit un 1, les ordinateurs quantiques utilisent des qubits, qui peuvent exister simultanément dans des états multiples grâce aux principes de superposition. Cette capacité unique permet aux ordinateurs quantiques d'exécuter des calculs à des vitesses incomparable pour certaines tâches, en explorant plusieurs solutions simultanément.

L'un des défis majeurs dans la conception de l'architecture des ordinateurs quantiques réside dans l'implémentation et la manipulation des qubits tout en préservant leur cohérence quantique. Les qubits peuvent être réalisés à partir de différentes technologies, telles que les ions piégés, les circuits supraconducteurs, ou encore les points quantiques. Chacune de ces technologies présente ses propres avantages et inconvénients, mais elles partagent toutes la nécessité de créer un environnement extrêmement contrôlé pour protéger les qubits des perturbations extérieures qui pourraient entraîner des erreurs de décohérence.

Un aspect critique de l'architecture des ordinateurs quantiques est leur capacité à exploiter l'intrication quantique, un phénomène par lequel les états de deux ou plusieurs qubits deviennent corrélés de manière telle que le changement de l'état de l'un affecte instantanément l'autre, peu importe la distance qui les sépare. Cette propriété est essentielle pour les opérations logiques quantiques qui constituent les fondations du traitement de l'information quantique. Pour manipuler les qubits de manière contrôlée, des portes quantiques sont utilisées. Ces dispositifs fonctionnent comme des interrupteurs qui, au moyen de signaux spécifiques, permettent de réaliser les opérations logarithmiques nécessaires à l'exécution des algorithmes quantiques.

La gestion de l'erreur est un autre élément fondamental de l'architecture des ordinateurs quantiques. En raison des interactions délicates au sein des systèmes quantiques, la probabilité d'erreurs est beaucoup plus élevée que dans les ordinateurs classiques. Pour remédier à cela, des codes de correction quantique ont été développés. Ces codes non seulement détectent les erreurs potentielles, mais offrent également des méthodes pour les corriger sans perturber le calcul en cours. Cela renforce la fiabilité des opérations des ordinateurs quantiques, mais nécessite une complexité supplémentaire dans la conception matérielle et logicielle.

La connectivité entre les qubits constitue également un élément crucial de leur architecture. Dans un ordinateur quantique, les qubits doivent pouvoir interagir de manière efficace pour exécuter des calculs complexes. Cela requiert une ingénierie minutieuse pour concevoir des systèmes capables de maintenir la cohérence tout en permettant un routage flexible des informations. Les chercheurs explorent actuellement de multiples approches, y compris l'utilisation de bus quantiques et d'autres structures de connexion innovantes, pour surmonter ce défi.

Enfin, le contrôle et la mesure constituent la dernière pièce du puzzle architectural quantique. Il est vital de pouvoir initier, contrôler et mesurer les états quantiques des qubits avec une grande précision. Les systèmes de contrôle doivent être capables de générer des signaux à des fréquences très spécifiques et d'interroger l'état des qubits sans les perturber de manière irréversible. Ces tâches complexes nécessitent une étroite collaboration entre le matériel quantique et les algorithmes qui tirent parti de ses capacités uniques, formant ainsi l'avenir prometteur de l'informatique quantique.

Les défis techniques

L'informatique quantique représente une révolution prometteuse dans le traitement de l'information, mais elle est encore marquée par des défis techniques considérables. Ces défis découlent en grande partie de la nature même des particules quantiques et des principes qui sous-tendent cette technologie, tels que la superposition et l'intrication. Ces phénomènes, bien que puissants sur le plan théorique, sont extraordinairement difficiles à contrôler et à manipuler dans des environnements pratiques.

L'un des problèmes majeurs est la décohérence quantique. Les qubits, unités fondamentales d'information quantique, peuvent exister dans plusieurs états simultanément grâce au phénomène de superposition. Cependant, cette superposition est fragile et facilement perturbée par l'environnement. De la moindre fluctuation thermique aux vibrations mécaniques, en passant par les champs électromagnétiques indésirables, toutes ces interférences peuvent provoquer une décohérence, transformant ainsi l'information quantique en données classiques et supprimant les avantages potentiels des ordinateurs quantiques. Cela nécessite la création de systèmes extrêmement isolés ou encore le développement de techniques sophistiquées de correction des erreurs quantiques pour protéger ces états délicats.

La fabrication de qubits stables et fiables représente également un défi. Les architectures actuelles explorent divers types de qubits, qu'il s'agisse de qubits supraconducteurs, de qubits à ions piégés ou de qubits topologiques. Chacune de ces approches a ses propres avantages et inconvénients en termes d'évolutivité, de précision et de stabilité. Les qubits supraconducteurs, par exemple, peuvent être très rapides et intégrables à une échelle plus grande, mais nécessitent des températures extrêmement basses proches du zéro absolu pour fonctionner correctement. Cela implique un investissement conséquent dans des infrastructures de refroidissement complexes et coûteuses. En revanche, les qubits à ions piégés offrent une cohérence plus longue mais sont plus difficiles à intégrer à grande échelle au sein d'un dispositif unique en raison de la complexité de leur manipulation.

Un autre enjeu crucial est l'interconnectivité et le contrôle précis des qubits. Les ordinateurs quantiques ont besoin de circuits quantiques complexes pour effectuer des opérations, qui demandent à la fois des interactions précises entre qubits et des portes logiques quantiques d'une fiabilité extrême. Cela nécessite non seulement des technologies de fabrication avancées, mais également des algorithmes de contrôle d'une précision inédite. Le contrôle à grande échelle des qubits reste une prouesse d'ingénierie, car même une petite erreur peut induire des résultats non désirés qui affectent la solution globale du problème traité.

Enfin, le problème de l'évolutivité se pose. L'augmentation du nombre de qubits est essentielle pour résoudre des problèmes plus complexes, mais elle est rarefabourée par les limitations physiques et techniques actuelles. La fabrication cohérente d'un grand nombre de qubits interconnectés de manière fiable demeure un obstacle majeur vers l'atteinte d'une véritable suprématie quantique où les ordinateurs quantiques surpasseraient les ordinateurs classiques pour des tâches spécifiques. De plus, à mesure que le nombre de qubits croît, le besoin de gérer efficacement la dissipation thermique et la consommation d'énergie devient impératif, nécessitant l'innovation continue dans les matériaux et la conception des circuits.

Surmonter ces défis techniques est crucial pour la viabilité future de l'informatique quantique. Bien que les progrès réalisés soient prometteurs, des avancées significatives restent nécessaires. Les efforts dans la recherche fondamentale ainsi que les innovations technologiques seront indispensables pour faire de l'informatique quantique un outil accessible et pratique dans un large éventail d'applications, allant de la modélisation moléculaire à l'optimisation logistique. Ces défis, bien qu'ardus, portent en eux la promesse d'une nouvelle ère de calcul qui pourrait transformer radicalement notre approche des problèmes les plus pressants du monde moderne.

Chapitre 5
L'informatique quantique et la cryptographie.

Cryptographie classique vs quantique

Dans le domaine de la cryptographie, il est crucial de distinguer entre la cryptographie classique et la cryptographie quantique, chacune reposant sur des principes fondamentalement différents. La cryptographie classique se base sur la complexité computationnelle, exploitant des problèmes mathématiques difficiles à résoudre avec les ordinateurs traditionnels. Par exemple, le chiffrement RSA repose sur la difficulté de factoriser de grands nombres en leurs facteurs premiers, un problème qui semble intractable pour les ordinateurs classiques lorsqu'il est appliqué à des nombres suffisamment grands. Toutefois, l'avènement de l'ordinateur quantique remet en question la sécurité offerte par ces systèmes classiques. Des algorithmes quantiques tels que l'algorithme de Shor démontrent que des problèmes autrefois insolubles, comme la factorisation de très grands nombres, pourraient être résolus en un temps relativement bref par un ordinateur quantique suffisamment puissant.

En revanche, la cryptographie quantique puise sa sécurité dans les lois de la mécanique quantique.

Elle ne se contente pas de reposer sur la complexité théorique, mais sur des traits inhérents à la mécanique quantique telle que le principe d'incertitude d'Heisenberg et le phénomène d'intrication. Ces principes assurent qu'une écoute clandestine ou un espionnage quantique modifient nécessairement l'état du système et peuvent donc être détectés. La cryptographie quantique désigne souvent spécifiquement la distribution quantique de clés (QKD), dont le protocole BB84 est l'exemple le plus connu. Dans ce protocole, la sécurité réside dans le fait que toute tentative d'intercepter ou de mesurer les clés quantiques en transit perturbe l'état quantique des particules utilisées, révélant ainsi toute intrusion potentielle grâce aux lois quantiques elles-mêmes.

La transition entre la cryptographie classique et quantique implique une révision des fondements sur lesquels nous reposons la sécurité cryptographique. Alors que l'essor de l'informatique quantique met en péril certaines méthodes classiques, il ouvre des perspectives avec la cryptographie quantique, rendant possible l'élaboration de protocoles dont la sécurité est fondée sur les lois de la nature plutôt que sur la complexité supposée. C'est un changement de paradigme. Cependant, il est essentiel de noter que la cryptographie quantique ne remplace pas systématiquement les méthodes classiques dans tous les contextes. En effet, elle implique certains défis de mise en œuvre comme le besoin de technologies spécifiques et de nouvelles infrastructures adaptées à la transmission quantique, souvent limitées par des facteurs comme la distance et l'environnement.

L'un des attraits de la cryptographie quantique réside dans sa promesse théorique d'une sécurité absolue. Cependant, en pratique, les systèmes quantiques doivent encore surmonter des défis technologiques significatifs pour atteindre un déploiement global et une fiabilité sans faille. Aucun système, quel que soit son potentiel théorique, n'est à l'abri des imperfections humaines ou des erreurs de mise en œuvre, ce qui impose une vigilance constante dans le développement de technologies quantiques.

En conclusion, si la cryptographie classique repose sur des fondements solides mais vulnérables à l'avancée de la technologie quantique, la cryptographie quantique propose une approche innovante et prometteuse qui tire parti des lois fondamentales de la physique. Elle est ainsi bien placée pour devenir un pilier clé de la sécurité de l'information à l'ère de l'informatique quantique. Toutefois, le chemin vers une adoption et une application généralisées exige une compréhension approfondie des principes quantiques et des investissements continus dans la recherche et le développement pour surmonter les défis techniques actuels.

Protocoles de cryptographie quantique

L'informatique quantique révolutionne non seulement le traitement des informations, mais aussi la manière dont nous les protégeons. La cryptographie quantique, plus spécifiquement, utilise les principes de la mécanique quantique pour améliorer la sécurité des communications. Contrairement à la cryptographie classique, qui repose principalement sur la complexité mathématique pour protéger les données, la cryptographie quantique exploite les lois de la physique afin de garantir une sécurité inégalée, ce qui est particulièrement prisé à l'ère du calcul quantique. Parmi les protocoles de cryptographie quantique les plus notables figure le protocole BB84, nommé d'après ses inventeurs Charles Bennett et Gilles Brassard. Ce protocole repose sur le principe fondamental que toute tentative de mesure d'un système quantique perturbe ce système. Dans BB84, les informations sont codées en utilisant les états polarisés de photons. Lorsqu'Alice souhaite envoyer une clé secrète à Bob, elle attribue des états quantiques spécifiques – par exemple des polarités verticales ou horizontales – à chaque bit de sa clé. En mesurant ces états, Bob peut déduire la clé, mais tout espion tentant d'intercepter les photons perturberait inévitablement certains d'entre eux. Cette perturbation se manifeste par des erreurs dans la clé reçue, alertant Alice et Bob de la présence d'une interception potentielle. De cette manière, le protocole BB84 assure non seulement la sécurité de la clé à transmettre, mais aussi la détection de toute tentative d'écoute indésirable.

Un autre protocole essentiel est le protocole E91, proposé par Artur Ekert, qui repose sur le phénomène d'intrication quantique. Plutôt que de s'appuyer sur la perturbation causée par une mesure, ce protocole exploite le principe qu'une paire de particules intriquées possède des corrélations telles que la connaissance de l'état de l'une permet de déduire instantanément l'état de l'autre, indépendamment de la distance qui les sépare. En partageant des paires de particules intriquées, Alice et Bob peuvent établir une clé secrète avec une sécurité renforcée par le fait que ces corrélations ne peuvent être reproduites ni prédites sans connaître précisément l'état des particules avant leur séparation. La sécurité du protocole E91 est donc profondément ancrée dans l'idée que toute tentative d'interception perturberait l'intrication elle-même, rendant impossible la création d'une copie parfaite de la clé.

Enfin, le développement des protocoles de distribution de clé quantique (QKD) a ouvert de nouvelles perspectives dans le domaine. Ces protocoles, au-delà de BB84 et E91, cherchent à combiner les avantages des systèmes classiques et quantiques, créant des réseaux de communication hybrides. Ils constituent le pont entre la sécurité théorique garantie par les lois de la mécanique quantique et les technologies pratiques nécessaires à leur mise en œuvre à grande échelle. Certains défis restent à relever, tels que la minimisation des erreurs induites par les bruits environnementaux ou les imperfections dans les appareils utilisés. Cependant, les avancées technologiques constantes laissent entrevoir des applications pratiques sur les réseaux de communication futurs, où la cryptographie quantique pourrait jouer un rôle déterminant dans la sécurisation des informations. L'ère de l'informatique quantique ne se contentera pas de révolutionner la manière dont nous traitons les données, mais redéfinira également les fondations mêmes de la cybersécurité dans notre société numérique.

Sécurité des communications

La sécurité des communications est un enjeu primordial à l'ère numérique, où la protection des informations sensibles est cruciale pour les gouvernements, les entreprises et les individus. L'informatique quantique, avec ses concepts révolutionnaires, promet de transformer le paysage de la cryptographie en offrant des méthodes de sécurisation à la fois puissantes et inédites. Traditionnellement, la cryptographie repose sur des principes mathématiques complexes, tels que la difficulté de factoriser de grands nombres. Ces méthodes, bien qu'efficaces jusqu'à présent, sont potentiellement vulnérables face à la montée de l'informatique quantique. En effet, des algorithmes quantiques comme celui de Shor pourraient résoudre en un temps considérablement réduit les problèmes mathématiques complexes sur lesquels repose la cryptographie traditionnelle, mettant ainsi en péril la sécurité actuelle des communications.

Face à cette menace potentielle, les chercheurs se tournent vers de nouvelles approches basées sur les principes de la mécanique quantique pour garantir la sécurité des communications. L'une des avancées les plus prometteuses dans ce domaine est la cryptographie quantique. L'idée fondamentale est d'exploiter les propriétés uniques des particules quantiques, telles que l'intrication et le principe d'incertitude, pour créer des méthodes de codage et de transmission pratiquement inviolables. Par exemple, la distribution quantique de clés (QKD) permet de créer une clé secrète partagée entre deux parties aux bases de la théorie quantique. Grâce à l'intrication, toute tentative d'espionnage ou d'interception d'une clé causerait une perturbation observable des états quantiques, alertant ainsi instantanément les parties concernées de la présence d'un intrus.

Un autre aspect fascinant de la sécurité des communications en informatique quantique réside dans le concept de la "téléportation quantique". Bien que ce phénomène n'implique pas le transfert instantané de matière, il permet la transmission sécurisée d'informations quantiques d'un point à un autre sans que ces informations ne traversent l'espace intermédiaire de manière traditionnelle. Cette propriété pourrait éventuellement être utilisée pour sécuriser les communications sur de longues distances, en minimisant les risques d'interception pendant le transfert.

Cependant, il est important de reconnaître que l'intégration des technologies quantiques dans les systèmes de communication actuels pose également des défis pratiques. Les infrastructures existantes doivent être adaptées pour accommoder les exigences des systèmes quantiques, et cela nécessite des progrès significatifs en termes de matériaux, de dispositifs et de protocoles. Le développement de ces technologies est en pleine croissance, mais leur mise en œuvre réaliste requiert encore du temps et des efforts de recherche substantiels.

Dans le contexte de cette émergence technologique, la collaboration internationale est cruciale pour créer des normes communes et des plateformes interopérables qui assureront la sécurité des communications à l'échelle mondiale. L'informatique quantique ouvre un nouveau chapitre passionnant pour la sécurité des communications, alliant défis et opportunités. Les avantages qu'elle promet pourraient transformer la façon dont l'information est protégée, assurant une confidentialité à un niveau jusqu'alors inégalé. En explorant davantage les possibilités offertes par les technologies quantiques, nous construisons les fondations d'un futur où la sécurité des communications sera plus robuste et, espérons-le, inattaquable.

Cas d'utilisation pratiques

L'informatique quantique, bien qu'encore émergente, promet de révolutionner plusieurs domaines, et l'un des axes les plus prometteurs réside dans la cryptographie. Actuellement, la sécurité des communications numériques repose principalement sur des méthodes de cryptographie classiques, telles que RSA, qui s'appuient sur la complexité du calcul de la factorisation de grands nombres. Cependant, avec l'avènement des ordinateurs quantiques, ces systèmes pourraient devenir vulnérables, car les machines quantiques possèdent la capacité potentielle de résoudre ces problèmes complexes beaucoup plus rapidement qu'un ordinateur classique.

L'une des utilisations pratiques les plus discutées est la cryptographie post-quantique. Il s'agit de créer de nouveaux protocoles cryptographiques capables de résister aux attaques des ordinateurs quantiques, assurant ainsi la sécurité des données à long terme. De nombreuses institutions de recherche et entreprises investissent déjà dans le développement d'algorithmes de cryptographie post-quantique. Ces algorithmes cherchent à exploiter des problèmes mathématiques qui, même pour un ordinateur quantique, restent difficiles à déchiffrer.

Un autre cas d'utilisation marquant concerne la distribution quantique de clés (QKD), une technique qui utilise les principes de la mécanique quantique pour sécuriser la transmission de clés cryptographiques. La QKD repose sur le fait que toute mesure d'un système quantique perturbe ce système, permettant ainsi de détecter toute tentative d'espionnage. Cette caractéristique fait de la QKD un moyen potentiellement infaillible de sécurisation des communications. Des réseaux de communication basés sur QKD sont déjà en cours de développement et d'expérimentation dans divers pays, ouvrant la voie à des systèmes de communication ultrasécurisés.

En outre, l'informatique quantique pourrait renforcer les capacités en matière de simulation et optimisation, servant ainsi indirectement la cryptographie. Par exemple, les ordinateurs quantiques sont en mesure de simuler des systèmes physiques complexes à une échelle impossible pour les ordinateurs classiques, permettant ainsi de concevoir de meilleurs matériaux de sécurité physique ou des protocoles de communication plus résistants.

Il existe également des opportunités d'utilisation pratiques dans le cadre des monnaies numériques et des blockchains, qui s'appuient sur des techniques cryptographiques. L'informatique quantique pourrait à la fois représenter une menace et une solution pour ces technologies. Il est envisageable de développer des blockchains quantiques qui utilisent des algorithmes quantiques pour améliorer la sécurisation et l'efficacité des transactions décentralisées.

Enfin, au-delà de la cryptographie, l'informatique quantique présente d'autres applications révolutionnaires envisageables grâce à son incroyable puissance de calcul. Cela inclut l'optimisation de processus complexes, dont certains pourraient avoir des implications en matière de sécurité. Par exemple, en optimisant les itinéraires de transport ou en améliorant la gestion de réseaux énergétiques, on peut renforcer la résilience de nos infrastructures critiques.

Ces cas d'utilisation ne représentent que la surface visible d'un iceberg d'opportunités qu'apporte l'informatique quantique. Bien que des défis colossaux subsistent en termes de réalisation technique et de scalabilité, le potentiel perturbateur et transformateur de l'informatique quantique en fait un domaine à suivre de près. Les incertitudes actuelles ne font qu'attiser l'intérêt des chercheurs, des ingénieurs, et des entrepreneurs, pressés de réaliser des percées qui pourraient, à terme, redéfinir notre monde numérique.

Chapitre 6
Les applications dans le domaine de l'IA.

Apprentissage machine quantique

L'apprentissage machine quantique représente une convergence fascinante entre deux domaines de pointe : l'informatique quantique et l'intelligence artificielle. Alors que l'apprentissage machine classique repose sur des algorithmes capables d'extraire des motifs à partir de vastes ensembles de données, l'apprentissage machine quantique exploite les propriétés uniques des systèmes quantiques, telles que la superposition et l'intrication, pour potentiellement surpasser les limites actuelles de l'IA classique.

À la base de l'apprentissage machine quantique, on trouve les qubits, que l'on peut considérer comme des analogues quantiques des bits classiques. Contrairement aux bits qui ne peuvent exister que dans un état 0 ou 1, les qubits peuvent être dans une superposition de ces deux états, ce qui permet, en théorie, de réaliser des calculs bien plus complexes en parallèle. Cette capacité à traiter plusieurs états simultanément est particulièrement prometteuse pour l'apprentissage machine, où l'efficacité et la vitesse de traitement sont cruciales.

L'un des premiers points d'application de l'apprentissage machine quantique réside dans les algorithmes d'optimisation. Dans le monde numérique d'aujourd'hui, nombre de problèmes — de la logistique à la finance, en passant par la chimie — nécessitent de trouver des solutions optimales parmi un nombre astronomique de possibilités. Les algorithmes quantiques, comme l'algorithme de Grover, promettent d'accélérer considérablement ces processus, rendant possible ce qui serait impraticable avec des ordinateurs classiques.

Un autre domaine qui bénéficie des promesses de l'apprentissage machine quantique est la reconnaissance de motifs. Ici, l'intrication quantique joue un rôle majeur, permettant à des qubits d'être corrélés de manière à ce que la mesure de l'un affecte instantanément l'autre, peu importe la distance qui les sépare. Cette propriété peut se traduire en une capacité accrue à détecter des corrélations complexes dans des données volumineuses, améliorant ainsi la performance des modèles de reconnaissance de motifs au-delà des capacités traditionnelles.

L'apprentissage machine quantique s'annonce également révolutionnaire dans le domaine du traitement du langage naturel. Les ordinateurs classiques peinent souvent à saisir les nuances et les contextualités du langage humain. L'effet tunnel quantique, permettant le passage d'une information apparemment insurmontable à travers une barrière énergétique, pourrait être exploité pour surmonter certains des défis d'interprétation du langage, notamment en permettant la découverte de connexions sémantiques cachées dans de larges corpus de texte.

Cependant, il est important de noter que malgré les promesses immenses de l'apprentissage machine quantique, nous en sommes encore aux premiers stades de son développement. Les ordinateurs quantiques doivent surmonter de nombreux défis pratiques, notamment le maintien de qubits dans un état stable et protégé des perturbations extérieures. Par ailleurs, les algorithmes quantiques doivent être spécialement conçus pour profiter pleinement des propriétés qu'offre l'informatique quantique.

En définitive, l'apprentissage machine quantique pourrait redéfinir notre rapport à l'intelligence artificielle. En combinant la puissance brute et l'efficacité de l'informatique quantique avec les techniques d'apprentissage machine, nous ouvrons la porte à un large éventail de nouvelles applications capables de transformer des secteurs entiers de notre société. Toutefois, comme pour toute technologie émergente, la progression linéaire vers un avenir quantique pleinement réalisé nécessite encore du temps, de la recherche et de l'innovation continue.

Optimisation avec des algorithmes quantiques

L'informatique quantique, bien que toujours en développement, offre déjà des perspectives prometteuses en matière d'optimisation, notamment dans le domaine de l'intelligence artificielle (IA). Les problèmes d'optimisation sont au cœur de nombreux systèmes d'IA, qu'il s'agisse de trouver le chemin le plus court, d'allouer efficacement des ressources, ou d'atteindre des objectifs complexes dans des environnements dynamiques. Les algorithmes quantiques, grâce à leur capacité à traiter massivement des combinaisons de données par le phénomène de superposition, ont le potentiel de transformer ces problèmes d'optimisation en solutions réalisables bien plus rapidement que les algorithmes classiques.

L'un des algorithmes quantiques les plus connus dans ce contexte est l'algorithme de Grover, potentiellement capable de fournir des accélérations quadratiques pour la recherche dans des espaces non structurés. Dans l'IA, cela pourrait signifier une amélioration considérable du temps de formation des modèles en réduisant le nombre d'itérations nécessaires pour parvenir à une solution optimale. En effet, là où un algorithme classique explorerait chaque possibilité individuellement, un algorithme quantique tel que celui de Grover exploite la superposition pour explorer simultanément plusieurs états, ce qui, en pratique, permet d'accélérer le processus de recherche d'une solution optimale dans des ensembles de données volumineux.

Un autre acteur clé est l'algorithme de QAOA (Quantum Approximate Optimization Algorithm), qui a été conçu pour résoudre des problèmes d'optimisation combinatoire. Ce type de problème, souvent rencontré en intelligence artificielle, se caractérise par une recherche complexe de la meilleure solution parmi de nombreuses options possibles. Le QAOA fonctionne en appliquant une série de transformations quantiques qui, grâce à l'effet du mécanisme d'interférence, convergent vers une solution approximative de haute qualité avec une efficacité impossible à atteindre avec des ordinateurs classiques pour certaines grandes instances de problèmes.

Les optimisations apportées par ces algorithmes quantiques se révèlent donc cruciales notamment pour les réseaux de neurones et les systèmes d'apprentissage profond. Ces derniers nécessitent souvent l'ajustement de millions de paramètres et une exploration étendue de l'espace de solution pour parvenir à des modèles performants. Par exemple, dans le cadre de l'entraînement de réseaux de neurones, des algorithmes quantiques d'optimisation pourraient permettre de déterminer les paramètres idéaux beaucoup plus rapidement qu'à l'aide de méthodes classiques de descente de gradient. Cela permettrait non seulement d'accélérer le processus d'entraînement des modèles mais aussi de réduire leur coût énergétique, un aspect crucial à considérer dans le déploiement à grande échelle de technologies d'IA.

Toutefois, il est important de noter que le déploiement effectif de ces algorithmes quantiques dans des applications réelles d'IA reste soumis aux progrès technologiques en physique quantique et en ingénierie informatique. Les défis incluent la correction d'erreurs quantiques et le développement de qubits davantage stables et durables. Néanmoins, les avancées actuelles, bien qu'encore exploratoires, montrent que l'optimisation quantique pourrait bien redéfinir les limites du possible en intelligence artificielle. En reconfigurant la manière dont nous concevons et assemblons des solutions dans le cadre de l'optimisation des systèmes intelligents, l'informatique quantique s'annonce comme un outil révolutionnaire, propulsant l'IA bien au-delà des paradigmes traditionnels.

Applications dans le traitement du langage naturel

L'informatique quantique, avec sa capacité à résoudre des problèmes complexes beaucoup plus rapidement que les ordinateurs classiques, ouvre de nouvelles perspectives passionnantes dans le domaine de l'intelligence artificielle, notamment dans le traitement du langage naturel (TLN). Le TLN est une branche de l'IA qui se concentre sur l'interaction entre les ordinateurs et les humains en utilisant le langage naturel. Il s'agit d'un domaine intrinsèquement complexe en raison de la nuance, de l'ambiguïté et du contexte inhérents au langage humain. Les ordinateurs traditionnels ont fait des progrès significatifs dans ce domaine, mais ils rencontrent des limitations en termes de traitement simultané d'énormes ensembles de données et de compréhension contextuelle fine.

Avec l'avènement de l'informatique quantique, ces limitations pourraient être surmontées. Les ordinateurs quantiques ont le potentiel de traiter des données et d'apprendre à partir d'elles beaucoup plus rapidement, grâce à leur capacité à exécuter de nombreux calculs en parallèle. Il en résulte une accélération significative du traitement des données du langage naturel. Par exemple, les algorithmes quantiques peuvent potentiellement optimiser des modèles de langage à une vitesse inédite, améliorant la rapidité et la précision des tâches telles que la traduction automatique, la reconnaissance vocale et l'extraction d'informations.

Un autre avantage essentiel de l'informatique quantique dans le TLN est sa capacité à gérer la complexité et l'ambiguïté linguistiques. Le traitement du langage naturel n'est pas seulement une question de vitesse, mais aussi de profondeur de compréhension. Les ordinateurs quantiques, utilisant le principe de la superposition quantique, ont la capacité d'explorer simultanément diverses interprétations et significations des mots et des phrases. Cela permettrait aux systèmes d'IA de mieux appréhender le contexte et les nuances du langage humain, ce qui est crucial pour des applications comme les chatbots avancés et les assistants vocaux intelligents.

Par ailleurs, l'aptitude de l'informatique quantique à explorer de multiples solutions potentielles simultanément pourrait révolutionner la manière dont les modèles de langage gèrent l'incomplétude et l'ambiguïté des données linguistiques. Les ordinateurs traditionnels doivent souvent recourir à des approximations ou à des simplifications pour traiter des tâches complexes, réduisant parfois la précision des résultats. En revanche, un ordinateur quantique pourrait simultanément considérer une richesse de scénarios alternatifs, améliorant ainsi la qualité et la pertinence des interprétations et des réponses.

Bien sûr, nous sommes encore au début de l'ère de l'informatique quantique, et les applications concrètes dans le TLN sont en grande partie à un stade de recherche et de développement. Cependant, les premières expériences montrent des promesses significatives. Des entreprises et des institutions de recherche du monde entier travaillent activement sur l'intégration de la technologie quantique dans les systèmes de TLN, et les progrès réalisés à ce jour suscitent un optimisme prudent quant aux futures innovations.

En fin de compte, l'intégration de l'informatique quantique dans le traitement du langage naturel pourrait transformer notre capacité à interagir avec les machines de manière plus naturelle et efficace. Elle promet d'entraîner une vague de progrès technologiques qui modifiera non seulement les interactions homme-machine, mais aussi la manière dont nous accédons et utilisons l'information à travers la barrière du langage. La perspective est excitante et suggère un futur où les machines ne se contentent pas uniquement de comprendre les mots que nous utilisons, mais saisissent également l'intention et l'émotion derrière eux.

Défis de l'IA quantique

L'intégration de l'informatique quantique dans le domaine de l'intelligence artificielle (IA) promet de révolutionner notre façon de traiter des données complexes et d'exécuter des algorithmes. Cependant, cette convergence entre l'IA et l'informatique quantique pose plusieurs défis qui doivent être surmontés pour réaliser pleinement leur potentiel conjoint. L'un des principaux obstacles réside dans la maîtrise de la complexité inhérente aux systèmes quantiques. L'ordinateur quantique fonctionne selon des principes qui diffèrent fondamentalement de ceux des ordinateurs classiques, s'appuyant sur des concepts comme la superposition et l'intrication, qui, bien que puissants, sont également difficiles à contrôler et à maintenir dans un environnement stable.

Un autre défi majeur est la création de nouveaux algorithmes capables de tirer parti de la puissance de calcul inédite offerte par le traitement quantique. Alors que certains algorithmes quantiques existent déjà, comme l'algorithme de Shor pour la factorisation ou l'algorithme de Grover pour la recherche, la question demeure ouverte sur la façon dont ils peuvent être appliqués de manière optimale à l'apprentissage automatique et à d'autres aspects de l'IA. Développer ces algorithmes nécessite une compréhension profonde non seulement de la mécanique quantique, mais aussi de l'IA, ce qui peut limiter la participation de chercheurs qui ne maîtrisent pas ces deux disciplines extrêmement spécialisées.

Parallèlement, il y a le défi de l'échelle. Pour que l'IA quantique devienne pratique et applicable sur une large gamme de problèmes réels, il faut des ordinateurs quantiques capables d'exécuter des calculs à grande échelle. Les machines actuelles, bien que prometteuses, sont limitées par le nombre de qubits qu'elles peuvent exploiter simultanément tout en maintenant une tolérance aux erreurs acceptable. Le bruit et la décohérence sont des phénomènes qui perturbent les calculs quantiques et nécessitent des méthodes sophistiquées de correction d'erreurs qui ne sont pas encore pleinement développées.

En outre, il est crucial de sensibiliser et de former une nouvelle génération de chercheurs et d'ingénieurs capables de travailler à l'interface de l'informatique quantique et de l'IA. Actuellement, les cursus universitaires et les formations spécialisées doivent rattraper leur retard par rapport à l'évolution rapide de ces technologies pour créer un vivier de talents capables de surmonter ces obstacles techniques et théoriques.

Il y a également des considérations éthiques à prendre en compte. La puissance de traitement accrue offerte par l'IA quantique pourrait accélérer des changements radicaux non seulement dans le secteur technologique, mais aussi dans la société dans son ensemble. Il est donc important d'examiner les implications éthiques et les responsabilités associées à l'utilisation de ces technologies, particulièrement en matière de confidentialité, de sécurité des données, et de biais algorithmique.

En dépit de ces défis, l'attrait de l'IA quantique réside dans sa capacité potentielle à révolutionner des domaines allant de la médecine à l'analyse financière, en passant par la recherche fondamentale en physique et chimie. Surmonter ces obstacles ne sera pas facile, mais les gains potentiels rendent cet effort indispensable. Le développement continu des technologies quantiques, associé à une compréhension approfondie de l'IA, promet de tracer la voie vers de nouvelles découvertes et innovations qui pourraient changer notre compréhension du monde.

Chapitre 7
Éthique et considérations sociales.

Impact sur l'emploi

L'essor de l'informatique quantique suscite des débats passionnés sur son impact potentiel sur le marché de l'emploi. Ce nouveau paradigme technologique promet d'ouvrir des horizons inimaginables en matière de résolution de problèmes complexes, mais il pose également des questions sur la manière dont il pourrait redéfinir le travail humain. À mesure que l'informatique quantique progresse, son influence promet de se faire sentir à travers divers secteurs, remodelant les compétences requises et transformant les dynamiques de l'emploi.

À court terme, l'impact direct de l'informatique quantique sur l'emploi est limité, étant donné que la technologie en est encore à ses balbutiements. Cependant, les investissements croissants et l'intérêt académique soutiennent le développement rapide de ce domaine. Ce climat favorise la demande pour des talents hautement qualifiés, tels que les chercheurs, ingénieurs et développeurs spécialisés en physique quantique, informatique et mathématiques avancées. Par conséquent, il est probable que les premières conséquences de l'informatique quantique se manifestent principalement par une intensification de la demande pour des compétences spécialisées. Pour les professionnels dans ces domaines, cela signifie de nouvelles opportunités d'emploi, mais aussi un défi constant de mise à jour de leurs connaissances afin de rester pertinents dans un paysage technologique en constante évolution.

Sur le long terme, l'informatique quantique pourrait transformer plusieurs secteurs industriels. Dans le domaine de la finance, par exemple, la capacité à traiter rapidement des volumes colossaux de données pour déceler des modèles complexes pourrait révolutionner la gestion de portefeuilles et la modélisation des risques. Toutefois, cela pourrait également mener à une automatisation accrue, réduisant ainsi le besoin de certains emplois traditionnels. En chimie et en pharmacologie, la simulation rapide et précise de molécules pourrait accélérer la découverte de médicaments, ce qui transformerait à la fois la recherche et la production pharmaceutique. Ces avancées pourraient nécessiter moins de main-d'œuvre dans les essais préliminaires, mais générer une demande pour des compétences nouvelles en analyse des résultats et en optimisation de l'usage des technologies quantiques.

L'éducation et la formation devront évoluer pour préparer la future main-d'œuvre à ces changements. Les systèmes éducatifs seront défiés par la nécessité de fournir des bases solides en sciences, technologie, ingénierie et mathématiques, tout en intégrant des cours sur l'éthique et la gestion des technologies émergentes. L'accent devra être mis sur le développement de compétences transversales, telles que la créativité, la résolution de problèmes et la pensée critique, qui resteront essentielles même à l'ère quantique.

En somme, bien que l'informatique quantique promette de catalyser d'énormes progrès technologiques, elle pose également des défis importants pour l'économie mondiale. La transformation des secteurs industriels exigera une adaptation dynamique de la main-d'œuvre, tandis que les bénéfices économiques pourraient être inégalement répartis, exacerber les inégalités et exiger de nouvelles politiques publiques pour assurer que les bienfaits de cette révolution technologique soient partagés par tous. Ainsi, l'informatique quantique non seulement redéfinira ce que nous considérons possible, mais elle réécrira également les règles du marché de l'emploi, appelant à une gestion réfléchie et éthique des transformations à venir.

Les enjeux éthiques des technologies quantiques

L'avènement des technologies quantiques ouvre de nouvelles perspectives fascinantes dans divers domaines tels que le calcul, la cryptographie et l'intelligence artificielle. Cependant, ces avancées technologiques soulèvent également des enjeux éthiques et sociétaux qui nécessitent une réflexion approfondie. L'une des préoccupations majeures concerne la confidentialité des données. Les ordinateurs quantiques, grâce à leur capacité à résoudre certaines problématiques informatiques bien plus rapidement que les ordinateurs classiques, pourraient potentiellement compromettre les systèmes de cryptographie actuels. De nombreux protocoles de sécurité informatique reposent sur la difficulté de problèmes mathématiques qui seraient aisément surmontés par un calculateur quantique. Ainsi, les données personnelles, financières et d'État pourraient être exposées à des risques accrus, menaçant la vie privée des individus et la sécurité nationale. Cette perspective soulève la nécessité de développer de nouveaux protocoles de cryptographie quantique, qui pourraient offrir une résistance accrue face aux menaces potentielles mais qui, dans l'attente de leur pleine implémentation, laissent une période d'incertitude quant à la sécurité des informations.

En outre, l'informatique quantique pourrait exacerber les inégalités technologiques et économiques. La complexité et le coût élevés du développement des technologies quantiques pourraient limiter leur accès aux seuls pays et entreprises dotés de ressources financières substantielles. Cela risque de creuser davantage le fossé entre ceux qui détiennent la puissance de cette technologie révolutionnaire et ceux qui en sont dépourvus, aggravant ainsi les inégalités économiques et technologiques à l'échelle mondiale. À l'ère où la technologie joue un rôle de plus en plus déterminant dans le développement économique des pays, une asymétrie dans l'accès à la puissance de calcul quantique pourrait avoir des répercussions profondes sur la compétitivité, l'innovation et la croissance économique de chaque nation.

Par ailleurs, l'impact des technologies quantiques sur l'intelligence artificielle soulève des questions sur l'autonomie et la prise de décision éthique par les machines. L'accélération des capacités de calcul pourrait permettre des avancées considérables en matière d'apprentissage automatique, mais pose également la question de la responsabilité. Les systèmes d'intelligence artificielle poussés par l'informatique quantique pourraient prendre des décisions avec un degré de complexité et d'inaccessibilité qui dépasse la compréhension humaine, rendant ainsi difficile l'attribution de responsabilités en cas d'erreurs ou de biais.

À ces considérations s'ajoute la question de l'impact environnemental. Bien que les technologies quantiques puissent, à terme, offrir des solutions énergétiques plus efficaces et donc potentielles économes, leur développement actuel nécessite une quantité importante d'énergie et de matériaux rares, soulevant ainsi des préoccupations quant à la durabilité de la chaîne d'approvisionnement et à leur empreinte carbone totale.

Dans un cadre plus philosophique, l'introduction de concepts quantiques dans la technologie favorise une remise en question de nos perceptions traditionnelles du déterminisme et de la réalité. L'idée que des particules puissent exister dans plusieurs états simultanément remet en cause notre compréhension intuitive du monde, engendrant ainsi des réflexions sur la nature de la compréhension humaine face à des phénomènes qui dépassent l'expérience quotidienne. À mesure que l'informatique quantique se développe, il devient impératif de réfléchir de manière proactive aux implications éthiques et sociétales qui l'accompagnent. Un dialogue mondial sur la régulation, l'accès équitable et l'éducation quantique serait essentiel pour s'assurer que ces technologies émergentes sont exploitées au bénéfice de l'humanité, tout en limitant les risques qui leur sont inhérents.

Régulations et gouvernance

L'informatique quantique, en tant que révolution technologique émergente, soulève des enjeux cruciaux en matière de régulation et de gouvernance. Cette technologie, qui promet des avancées significatives dans des domaines allant de la cryptographie à la simulation de matériaux complexes, nécessite une attention particulière pour encadrer son développement et son utilisation. La complexité intrinsèque de l'informatique quantique, doublée de son potentiel de transformation à l'échelle mondiale, exige la mise en place de régulations robustes et adaptatives. Cela implique non seulement de réguler son développement technique, mais aussi d'établir des cadres législatifs et éthiques qui garantissent une utilisation équitable et sûre.

Les régulations actuelles entourant les technologies de l'information et de la communication s'avèrent souvent inadéquates pour l'informatique quantique. Des politiques spécifiques doivent être élaborées en prenant en compte les défis uniques qu'elle présente. Cela inclut la nécessité de protéger les données sensibles tout en maximisant les avantages économiques et sociaux. De plus, la nature transfrontalière de la recherche et du développement en informatique quantique pousse à la coopération et à l'harmonisation internationale des régulations. Sans une gouvernance mondiale concertée, il existe un risque accru de fragmentation juridique, où différentes nations adoptent des régulations divergentes, ce qui pourrait entraver l'innovation et créer des tensions géopolitiques.

En parallèle, la gouvernance de l'informatique quantique ne doit pas être limitée à la sphère étatique. Les parties prenantes du secteur privé, les chercheurs, la société civile et les organisations internationales doivent être impliqués dans la définition des normes éthiques et dans l'élaboration de politiques. Une gouvernance efficace exige un dialogue continu entre ces acteurs pour identifier les risques et les opportunités liés à l'informatique quantique. Ce dialogue est crucial pour s'assurer que les intérêts publics sont protégés et que les innovations sont orientées vers le bien commun. De plus, une gouvernance inclusive peut aider à anticiper les conséquences sociales inattendues que cette technologie pourrait entraîner.

L'une des principales préoccupations est la sécurité des systèmes cryptographiques actuels. Avec la capacité potentielle de briser les systèmes de cryptographie utilisés aujourd'hui, l'informatique quantique pourrait menacer la sécurité des communications et des transactions numériques dans le monde. Par conséquent, des régulations doivent être mises en place pour garantir que des solutions post-quantiques soient développées, testées et mises en œuvre avant que cette menace ne devienne une réalité. Parallèlement, la question des inégalités d'accès aux technologies quantiques doit être abordée. Sans des mesures correctives, cette technologie pourrait exacerber les disparités économiques et technologiques entre les pays et au sein des sociétés.

Enfin, la régulation et la gouvernance en informatique quantique doivent s'adapter à l'évolution rapide de la technologie. Cela nécessite des cadres flexibles capables de répondre aux développements imprévus tout en respectant des principes éthiques fermes. Dans cette perspective, l'éducation et la sensibilisation du public jouent un rôle essentiel pour assurer un soutien public aux politiques adoptées et pour permettre une compréhension éclairée de l'impact potentiel de l'informatique quantique. Ces éléments, combinés à une volonté de collaboration internationale, sont essentiels pour guider l'informatique quantique vers un avenir qui soit non seulement innovant, mais aussi responsable et équitable.

Perception publique de l'informatique quantique

La perception publique de l'informatique quantique est un sujet fascinant qui oscille entre émerveillement, scepticisme et curiosité. D'une part, les concepts mêmes qui sous-tendent l'informatique quantique – tels que la superposition et l'intrication – captivent l'imaginaire populaire par leur caractère mystérieux et presque magique. Ce qui n'ajoute que plus de mystique à la discipline est le fait qu'elle remet en question les notions traditionnelles de réalité et de calcul, soulevant des visions futuristes où les limites actuelles de la technologie ne sont plus. En conséquence, l'informatique quantique est souvent perçue comme une panacée technologique capable de résoudre les problèmes les plus complexes, de la découverte de médicaments à l'optimisation logistique, voire à la résolution des défis climatiques mondiaux.

Cependant, avec cette promesse de révolution technologique vient aussi une part de scepticisme et de crainte. Le public s'interroge sur les effets potentiels de cette avancée sur la société, l'économie et la vie quotidienne. Beaucoup craignent que l'informatique quantique, en brisant la sécurité cryptographique actuelle, puisse également ouvrir la porte à des violations massives de la confidentialité et à des cyberattaques d'échelle inédite. Cette dualité – entre attente des bénéfices potentiels et appréhension des risques – reflète une dynamique similaire à celle qui a accompagné l'avènement d'autres technologies de pointe, comme l'intelligence artificielle.

Pourtant, l'un des plus grands défis de la perception publique de l'informatique quantique est l'écart significatif entre la complexité scientifique du sujet et le niveau de compréhension moyenne du non-initié. Cette discipline requiert un niveau de compréhension en physique et en mathématiques pour appréhender pleinement ses concepts fondamentaux, ce qui peut la rendre difficile à assimiler par le grand public. En conséquence, l'informatique quantique peut souvent être mal comprise, ou son potentiel soit exagéré soit minimisé dans les discours médiatiques et populaires.

Les médias jouent un rôle crucial dans la formation

de cette perception. Lorsqu'ils couvrent des annonces spectaculaires de progrès en informatique quantique, ils utilisent parfois des titres accrocheurs qui promettent bien plus que ce qui est réalisable à court terme, contribuant à une vision du domaine qui ne correspond pas toujours à la réalité. Les reportages doivent équilibrer sensationnalisme et pédagogie pour transmettre des informations précises et accessibles, tout en capturant l'essence de la nouveauté scientifique.

Afin de naviguer ces perceptions parfois polarisées, une communication efficace et transparente de la part des chercheurs, des institutions académiques, et des entreprises technologiques est essentielle. Informer le public des limites actuelles, des étapes de développement et des avancées concrètes sans recourir à des promesses non fondées peut contribuer à une compréhension plus équilibrée de l'informatique quantique.

Enfin, l'éducation joue un rôle indispensable. En intégrant des notions de physique quantique dès l'enseignement secondaire, les systèmes éducatifs peuvent préparer les futurs citoyens à aborder ces technologies avec un esprit critique et une connaissance de base. Face aux potentiels impacts transformateurs de l'informatique quantique, la perception publique demande à être construite sur une base d'information solide et continue, où le réalisme va de pair avec l'enthousiasme pour les promesses de la science.

Chapitre 8
Tendances futures de l'informatique quantique.

Avancées technologiques à surveiller

Les avancées technologiques dans le domaine de l'informatique quantique progressent à un rythme fulgurant, et suivre ces développements est crucial pour comprendre où se dirige cette révolution technologique. La course pour atteindre la suprématie quantique, c'est-à-dire le moment où les ordinateurs quantiques surpasseront les ordinateurs classiques dans certaines tâches, stimule l'innovation rapide. Une première avancée que beaucoup surveillent vise à augmenter le nombre de qubits, les bits quantiques, tout en maintenant leur cohérence. Les qubits sont notoirement sensibles aux perturbations extérieures, un phénomène appelé décohérence, qui constitue un défi majeur pour les scientifiques. Par conséquent, des recherches récentes cherchent à développer des matériaux et des techniques d'isolement plus efficaces, permettant aux qubits de fonctionner de manière fiable plus longtemps.

En parallèle, l'amélioration des algorithmes quantiques représente une frontière technologique majeure. Les algorithmes quantiques offrent des possibilités significatives pour le traitement de l'information que les méthodes classiques ne peuvent pas égaler. Par exemple, l'algorithme de Shor, qui pourrait potentiellement briser les schémas de cryptage actuels, continue de prendre de l'importance. En perfectionnant ces algorithmes et en explorant de nouveaux concepts, les chercheurs entendent élargir les applications pratiques des calculs quantiques dans divers domaines allant de la finance à la logistique.

L'autre axe technologique à surveiller réside dans les architectures hybrides, combinant les forces des systèmes classiques et quantiques pour surmonter des limitations inhérentes à chacun. Ces systèmes hybrides promettent de rendre les ordinateurs quantiques plus accessibles, tout en capitalisant sur des infrastructures de calcul existantes. Efforts sont investis dans l'intégration logicielle et matérielle qui permettront une coopération fluide entre ces deux types de machines, rendant les solutions quantiques progressivement plus applicables à des problèmes du monde réel.

Une autre avancée technologique clé dans le domaine de l'informatique quantique se concentre sur les réseaux quantiques. La mise en place de réseaux quantiques, qui utilisent les principes de l'intrication quantique pour transmettre des données instantanément à travers des distances significatives, pourrait révolutionner la manière dont nous concevons la sécurité de l'information. Des initiatives ambitieuses visent à créer les fondations d'Internet quantique, ce qui garantirait une communication indéchiffrable entre les ordinateurs quantiques et augmenterait de façon exponentielle la vitesse des transferts de données.

Enfin, l'évolutivité des ordinateurs quantiques est un enjeu critique qui reçoit une attention particulière. Rendre ces machines plus compacts et énergétiquement efficaces sans compromettre leur puissance de calcul est fondamental pour concevoir des solutions viables à long terme. Les technologies avancées de fabrication de puces, l'amélioration des techniques de refroidissement cryogénique et l'optimisation de l'interfaçage entre l'utilisateur et la machine sont des domaines où des percées pourraient bientôt transformer les prototypes encombrants d'aujourd'hui en appareils plus pratiques pour une utilisation commerciale.

En résumé, les avancées technologiques à surveiller dans l'informatique quantique sont vastes et variées, mais chacune joue un rôle crucial dans l'adoption et le développement de cette technologie prometteuse, susceptible de changer fondamentalement notre approche du calcul et de la résolution de problèmes complexes. Les années à venir pourraient marquer des tournants décisifs, alors que ces innovations convergent pour rendre l'ordinateur quantique pratique et accessible, remodelant ainsi notre rapport à l'information.

Partenariats et collaborations

Dans le paysage dynamique de l'informatique quantique, les partenariats et collaborations jouent un rôle central dans la survenue de progrès significatifs. Ces alliances stratégiques sont essentielles pour surmonter les défis colossaux que pose le développement de technologies quantiques et pour accélérer leur adoption dans diverses industries. Les entreprises, les institutions académiques et les gouvernements du monde entier réalisent que le partage des connaissances et des ressources est crucial pour mener ce domaine encore jeune à maturité.

Les entreprises technologiques de premier plan, telles que IBM, Google et Microsoft, ont établi des partenariats avec des universités de renommée mondiale et des laboratoires de recherche pour explorer des concepts fondamentaux et expérimenter des prototypes de matériel quantique. Ces collaborations académiques offrent aux entreprises l'accès à une expertise avancée et à un vivier de talents, tandis que les universités bénéficient de financements significatifs et de la possibilité de contribuer à des projets de recherche d'avant-garde. Pour les chercheurs, travailler aux côtés des leaders de l'industrie offre une perspective pratique, ancrant leurs théories dans la réalité des applications industrielles potentielles.

Au-delà des acteurs académiques et industriels, les gouvernements jouent également un rôle proactif en facilitant ces collaborations à travers des initiatives et des programmes de soutien. Par exemple, plusieurs pays ont lancé des programmes nationaux en informatique quantique, visant à renforcer la position de leur écosystème technologique sur la scène mondiale. En offrant des subventions et en encourageant le transfert de technologie, les gouvernements incitent les secteurs public et privé à travailler ensemble, stimulant ainsi l'innovation et la compétitivité.

L'idée même de compétition est en train de se transformer dans le secteur quantique. Plutôt que de s'affronter, de nombreuses entreprises choisissent de partager des ressources et des infrastructures via des consortiums et des alliances. Ces entités hybrides permettent le développement conjoint de plateformes de calcul quantique et de logiciels, en établissant des normes ouvertes qui profitent à l'ensemble de la communauté. En partageant le fardeau des coûts élevés de la recherche et du développement, elles se permettent également de progresser plus rapidement et efficacement.

Les collaborations internationales deviennent de plus en plus essentielles à mesure que l'informatique quantique émerge comme un domaine globalement compétitif. Les chercheurs et développeurs de différents pays apportent des perspectives uniques, multipliant ainsi les approches créatives et les solutions innovantes. La diversité culturelle et intellectuelle de ces partenariats stimule l'innovation et favorise un échange dynamique d'idées qui transcende les frontières géopolitiques.

Enfin, les collaborations ne se limitent pas aux chercheurs et développeurs. Elles englobent également les secteurs industriels potentiellement utilisateurs, qui collaborent dès le début avec des experts en informatique quantique pour adapter ces technologies à des besoins spécifiques. Qu'il s'agisse de la finance, de la santé ou de la logistique, ces partenariats sectoriels aident à identifier des cas d'utilisation concrets, encourageant ainsi une adoption plus rapide de l'informatique quantique.

En somme, l'importance des partenariats et collaborations dans le domaine de l'informatique quantique ne saurait être sous-estimée. Ils permettent non seulement de réaliser des avancées technologiques significatives, mais ouvrent également la voie à une économie plus interconnectée et innovante, prête à relever les défis complexes de notre avenir numérique. Ces collaborations sont le socle sur lequel se construit l'écosystème mondial de l'informatique quantique, offrant un horizon prometteur pour les décennies à venir.

Innovations en recherche

L'informatique quantique est en pleine explosion, un domaine où innovations et recherches coexistent pour façonner l'avenir de la technologie. À la frontière de cette révolution, des avancées sont constamment réalisées pour surmonter des obstacles considérés naguère insurmontables. Au cœur de ces innovations, les chercheurs explorent continuellement de nouvelles architectures de qubits, élément central de l'informatique quantique. Alors que les systèmes basés sur les qubits supraconducteurs et les ions piégés ont longtemps dominé le champ, les scientifiques scrutent désormais des alternatives prometteuses, comme les qubits de spin et les qubits topologiques. Ceux-ci promettent notamment de réduire les erreurs et d'améliorer la cohérence temporelle, obstacles majeurs de la computation quantique actuelle.

Parallèlement, le développement de nouveaux algorithmes quantiques représente un pan crucial de la recherche en la matière. Alors que les algorithmes existants, comme ceux de Shor et Grover, ont établi les bases potentielles d'une suprématie quantique, les chercheurs s'emploient à créer des algorithmes capables de s'adapter à un éventail plus large de problèmes pratiques. Les améliorations en matière d'algorithmes de simulation quantique, d'optimisation et de traitement de l'information quantique sont quelques-unes des manifestations de cette dynamique innovante. En outre, l'intégration de l'apprentissage automatique avec des systèmes quantiques promet également de redéfinir les paradigmes classiques de l'apprentissage, offrant des perspectives inouïes de traitement des données et de prévision.

L'interconnectivité entre l'informatique classique et quantique subit elle aussi des transformations notables. La recherche en matière d'interface quantique-classique vise à optimiser l'exploitation des capacités quantiques tout en s'appuyant sur la robustesse des systèmes classiques. Ce couplage est essentiel, car il pourrait initier une ère dans laquelle des systèmes hybrides exploitent le meilleur des deux mondes, apportant ainsi des solutions plus abouties et accessibles. Dans ce contexte, la quête de moyens efficaces pour développer et déployer des environnements logiciels adaptés aux ordinateurs quantiques reste une priorité. Ces environnements cherchent à offrir aux chercheurs et aux développeurs des outils pour explorer et exprimer la puissance des machines quantiques, catalysant ainsi les progrès scientifiques et industriels.

Dans un domaine aussi innovant, la question de la fidélité et de la correction des erreurs se trouve au sommet des priorités de recherche. Les systèmes actuels demeurant encore fragiles face à la décohérence et aux erreurs quantiques, la quête de codes de correction d'erreurs plus robustes est incessante. Les avancées dans ce domaine augurent non seulement d'une amélioration de la fiabilité des calculs quantiques mais aussi d'une extension du nombre de qubits utilisables dans une opération.

La course vers la suprématie quantique n'est plus l'apanage des laboratoires et des universités seulement. Les géants de l'industrie tels que Google, IBM et Microsoft, de concert avec des startups dynamiques, investissent massivement dans la recherche et le développement pour accélérer la transition vers des applications commerciales concrètes. Les collaborations, souvent aux intersections des disciplines scientifiques, dessinent ainsi un avenir où l'informatique quantique pourrait résoudre des problématiques complexes dans des secteurs aussi variés que la chimie, la finance, la cryptographie, et bien d'autres encore.

En somme, les innovations en recherche dans le domaine de l'informatique quantique sont à l'image de son potentiel : vastes et prometteuses. S'il reste beaucoup à accomplir pour transformer les promesses actuelles en réalités concrètes, le chemin parcouru témoigne d'un futur où les frontières de la technologie pourraient être entièrement redessinées.

Prévisions sur le développement de l'IA quantique

L'informatique quantique, bien qu'encore en pleine émergence, offre des promesses excitantes pour le futur de l'intelligence artificielle (IA). Ces deux domaines technologiques sont souvent perçus comme complémentaires, où chacun amplifie les capacités de l'autre. À mesure que nous progressons dans l'ère digitale, les prévisions sur le développement de l'IA quantique révèlent des perspectives fascinantes.

L'une des avancées les plus attendues est l'exploitation des algorithmes de machine learning sur des ordinateurs quantiques. Contrairement aux ordinateurs classiques, ces appareils exploitent les principes de la superposition et de l'intrication pour manipuler les informations d'une manière exponentiellement plus efficace. Cela pourrait permettre de traiter des ensembles de données massifs à des vitesses inégalées. Nous pourrions ainsi résoudre des problèmes autrefois jugés inabordables en matière de big data. Cette capacité améliorée ouvrirait la voie à des IA capables de comprendre et de tirer des conclusions à partir de données extrêmement complexes, favorisant des diagnostics médicaux plus précis ou des systèmes de recommandations plus fins.

Au-delà de la puissance de calcul, l'IA quantique pourrait transformer radicalement comment les modèles d'apprentissage sont construits et optimisés. Aujourd'hui, la création d'un modèle d'apprentissage nécessite de nombreux essais et ajustements pour atteindre une précision satisfaisante. Grâce à des algorithmes quantiques, comme ceux développés pour rechercher des optima globaux, les processus d'entraînement pourraient être drastiquement accélérés. L'IA deviendrait plus agile, s'adaptant plus rapidement aux variations des données sources, et offrant une optimisation continue avec une consommation d'énergie réduite.

Parallèlement, certaines projections envisagent des IA quantiques capables de simuler des molécules complexes pour la découverte de nouveaux matériaux ou médicaments. En modélisant la mécanique quantique de ces systèmes, les chercheurs pourraient identifier rapidement des candidats prometteurs sans expérimentations laborieuses dans des laboratoires physiques. Cela non seulement accélère le temps de développement, mais ouvre également des avenues pour des innovations auparavant considérées impossibles.

Cependant, les implications de l'IA quantique vont au-delà des seules applications pratiques. Elle pose également des questions fondamentales sur l'éthique et la sécurité. La puissance de cette technologie pourrait être utilisée à des fins malveillantes, et les algorithmes de cryptage classiques pourraient être facilement compromis par des ordinateurs quantiques. Ainsi, les experts travaillent également à développer des méthodes cryptographiques résistantes à la puissance de calcul quantique pour assurer la sécurité et la confidentialité des données dans cette nouvelle ère.

L'évolution de l'IA quantique requiert une collaboration étroite entre les chercheurs, les ingénieurs et les politiques pour construire un cadre où cette technologie peut prospérer de manière contrôlée et bénéfique. Bien qu'il soit difficile de prédire exactement comment et quand ces avancées seront pleinement opérationnelles, l'idée qu'une intelligence artificielle quantique puisse bouleverser le paysage technologique semble inévitable. Ce mariage entre deux des plus fascinantes frontières de la technologie moderne pourrait, sans nul doute, transformer notre monde de manière encore inimaginable aujourd'hui. Au fur et à mesure que l'infrastructure quantique se développe et se complexifie, nous entrons dans une période d'innovation sans précédent qui pourrait redéfinir les limites mêmes de la computation.

Chapitre 9
Les leaders du secteur.

Grandes entreprises en informatique quantique

L'informatique quantique, en raison de ses promesses révolutionnaires, a capté l'attention de nombreuses grandes entreprises à travers le monde. Ces géants de la technologie investissent massivement dans la recherche et le développement du potentiel quantique, cherchant à débloquer ce que l'avenir pourrait offrir. Dans ce secteur en pleine expansion, certaines entreprises se démarquent par leurs avancées et leur implication stratégique.

IBM, une entreprise historique dans le domaine de l'informatique, joue un rôle de leader dans le développement de l'informatique quantique. Depuis le lancement de son programme IBM Q, la société a fait des progrès considérables. IBM propose des ordinateurs quantiques accessibles via le cloud, permettant aux chercheurs et aux développeurs du monde entier d'expérimenter et de développer des algorithmes quantiques. Cette approche ouverte a permis de créer une communauté de partenaires et de collaborateurs qui partagent des innovations et renforcent les capacités de l'ordinateur quantique.

L'engagement continu d'IBM dans l'optimisation des qubits et le développement de circuits quantiques robustes illustre sa position pionnière dans le secteur.

Google, un autre acteur majeur, a affiché son ambition dans l'informatique quantique avec son laboratoire Quantum AI. En 2019, l'entreprise a revendiqué une avancée significative que beaucoup ont qualifiée de "suprématie quantique". Un de leurs processeurs, Sycamore, a été capable de réaliser en quelques minutes un calcul que les superordinateurs classiques mettraient des milliers d'années à accomplir. Ce jalon a alimenté un débat scientifique animé, mais il a indéniablement positionné Google parmi les leaders du secteur. Les efforts de Google se concentrent sur la création de qubits plus stables et sur la démonstration de cas d'utilisation pratiques pour l'industrie.

Microsoft est également un acteur influent dans l'informatique quantique, adoptant une approche unique en se concentrant sur les qubits topologiques, une technologie prometteuse qui pourrait offrir une plus grande résistance aux erreurs. La firme de Redmond investit dans Azure

Quantum, une plateforme intégrée qui combine des outils de développement et des solutions d'optimisation quantique. Microsoft s'engage à démocratiser l'accès à l'informatique quantique, tout en développant des logiciels adaptés à ces nouvelles architectures, ce qui leur permet de connecter des solutions quantiques avec des besoins industriels spécifiques.

D'autres entreprises comme Intel et D-Wave s'investissent également dans ce domaine. Intel, avec son expertise avérée en microprocesseurs, concentre ses efforts sur le développement de puces quantiques produites à grande échelle, en se penchant sur la supraconductivité et le silicium. D-Wave, d'une autre manière, explore l'informatique quantique adiabatique, qui est particulièrement adaptée à la résolution de problèmes d'optimisation complexes. Leur approche propose des solutions quantiques dès à présent utilisables par certaines industries pour des tâches spécifiques, malgré le débat continu sur la puissance quantique comparée à la puissance classique.

En somme, l'informatique quantique est un domaine où plusieurs grandes entreprises innovantes rivalisent pour diriger les avancées technologiques de demain. Leurs investissements massifs et leur esprit d'innovation sont les moteurs qui propulsent ces technologies vers l'avant. Leurs efforts collectifs et concurrentiels contribuent à l'émergence d'une ère où les processeurs quantiques pourraient transformer notre compréhension et utilisation des données. Cette course effrénée pour la suprématie quantique n'est pas seulement une question de prestige, mais représente aussi la clé pour résoudre certains des défis les plus complexes du XXIe siècle.

Startups innovantes

Dans le domaine en pleine expansion de l'informatique quantique, les startups jouent un rôle crucial en tant qu'agents d'innovation et de disruption. Ces jeunes entreprises, souvent issues de collaborations entre chercheurs et entrepreneurs, apportent des idées novatrices et repoussent continuellement les limites du possible. L'univers des startups en informatique quantique est fascinant non seulement par la diversité des approches technologiques, mais aussi par la portée des problématiques abordées. En effet, ces startups se concentrent sur une multitude de plateformes matérielles, allant des qubits superposés aux pièges d'ions en passant par les supraconducteurs. Chacune de ces approches présente ses propres défis mais également ses opportunités uniques en termes de capacité de calcul et de stabilité, attirant de ce fait une multiplicité d'investissements et d'intérêts.

Les startups quantiques sont souvent en première ligne lorsqu'il s'agit d'explorer des applications pratiques telles que l'optimisation de systèmes complexes, la simulation de molécules pour le développement de nouveaux médicaments et matériaux, ainsi que la sécurisation des communications par cryptographie quantique. Leur capacité à innover rapidement leur permet de s'attaquer à ces défis avec une flexibilité que ne possèdent pas toujours les acteurs plus établis du secteur. Elles peuvent ainsi réagir promptement aux nouvelles découvertes scientifiques et ajuster leurs méthodes pour intégrer les avancées récentes, créant un écosystème dynamique qui stimule continuellement la recherche et le développement. Loin de se limiter à la simple démonstration de potentiel, certaines startups ont déjà réalisé des percées significatives. Elles sont désormais en mesure de proposer des solutions quantiques naissantes dans les secteurs financier et logistique, là où l'optimisation et la vitesse de calcul sont cruciales. Par exemple, certaines ont collaboré avec de grandes institutions financières pour développer des algorithmes quantiques capables de modéliser des scénarios économiques avec une rapidité et une précision inégalées.

En outre, ces startups bénéficient également d'un soutien croissant de la part des gouvernements et des institutions académiques qui reconnaissent le potentiel stratégique de l'informatique quantique. Grâce à ce soutien, elles sont en mesure de surmonter certains obstacles financiers et techniques, facilitant ainsi l'accès aux infrastructures nécessaires et aux talents requis. Cela stimule l'émergence de nouveaux modèles d'affaires, où les collaborations avec des secteurs traditionnellement non technologiques deviennent courantes, enrichissant ainsi l'écosystème global. Ces partenariats se traduisent souvent par la création de produits plus adaptés aux besoins du marché.

Finalement, les startups innovantes de

l'informatique quantique jouent un rôle majeur en ouvrant la voie à une nouvelle ère technologique. Elles apportent une énergie renouvelée et une approche pionnière qui inspire et pousse l'ensemble de l'industrie vers l'avant. En défiant le statu quo et en cherchant des solutions audacieuses, ces petites structures agiles sont destinées à devenir de grands acteurs sur la scène mondiale, transformant des concepts théoriques en réalités tangibles et modifiant à jamais notre perception des capacités computationnelles.

La recherche académique

Dans le domaine de l'informatique quantique, la recherche académique joue un rôle central et stimulant, constituant la pierre angulaire sur laquelle repose l'évolution de cette technologie révolutionnaire. Contrairement au milieu industriel où les objectifs sont souvent dictés par des besoins commerciaux et des contraintes de rentabilité, la recherche académique offre un espace où la curiosité intellectuelle et l'exploration inconditionnelle peuvent prospérer. Les universitaires s'efforcent de repousser les limites de notre compréhension des phénomènes quantiques, posant des questions fondamentales sur la nature même de l'information et de la computation.

Dans les universités du monde entier, des départements de physique théorique, de mathématiques appliquées, d'informatique et d'ingénierie travaillent ensemble, créant une synergie indispensable pour le progrès. Ces chercheurs s'attachent à clarifier des concepts de base tels que l'intrication quantique, la superposition et la décohérence, des phénomènes qui sont intrinsèquement différents de tout ce qui existe dans l'informatique classique. Ils ont pour mission de créer des algorithmes qui exploitent ces propriétés uniques, comme l'algorithme de Shor pour la factorisation rapide des nombres ou l'algorithme de Grover pour la recherche non structurée. Ces avancées théoriques ne restent pas confinées aux laboratoires académiques; elles fournissent le fondement upon lequel les industries basent leurs recherches et développements pratiques.

Par ailleurs, la recherche académique n'est pas isolée au sein des disciplines individuelles. Elle favorise un environnement collaboratif et interdisciplinaire qui est essentiel pour surmonter les défis colossaux posés par le développement de qubits stables et la création de systèmes évolutifs. Par exemple, la supraconductivité, une des méthodes pour créer des qubits, repose autant sur la physique des matériaux que sur les concepts théoriques. De nombreux chercheurs comme ceux du Massachusetts Institute of Technology (MIT) ou de l'université d'Oxford travaillent sur des approches innovantes pour surmonter les obstacles techniques, tels que la gestion des erreurs et la correction de celles-ci dans les circuits quantiques.

Les universités ont également l'avantage unique d'attirer et de former la nouvelle génération de chercheurs dans ce domaine. Les étudiants diplômés et les chercheurs postdoctoraux jouent un rôle prépondérant en apportant des idées fraîches et en exécutant des travaux expérimentaux et théoriques qui pointent vers l'avenir. Des programmes de doctorat spécifiques, conçus pour fusionner la théorie et la pratique de l'informatique quantique, deviennent de plus en plus courants.

Dans ce cadre académique, des institutions de recherche comme le Centre de recherche quantique de l'Université nationale de Singapour, le

Centre de calcul quantique de l'Université de Californie à Berkeley, et bien d'autres encore, s'imposent comme des piliers d'excellence. Ils organisent des conférences, publient des travaux pionniers dans des revues renommées, et forment des partenariats avec des industries pour tester des concepts dans le monde réel. Cela met en évidence l'importance cruciale de la recherche académique pour transformer l'informatique quantique d'une curiosité théorique à une technologie pratique susceptible de changer notre monde. La recherche académique sert invariablement de phare, illuminant le chemin dans cette quête pour rendre l'informatique quantique une réalité tangible et accessible.

Ainsi, à l'interface entre imagination et rigueur scientifique, entre idées novatrices et expérimentation méthodique, la recherche académique demeure non seulement un moteur d'innovation, mais également un vecteur d'espoir pour les changements radicaux que l'informatique quantique promet de réaliser dans un futur pas si lointain.

Investissements et financement

Dans le paysage en constante évolution de l'informatique quantique, les investissements et le financement jouent un rôle crucial pour propulser la recherche et le développement de cette technologie de pointe. Cette dynamique est alimentée par une prise de conscience croissante de l'impact potentiel de l'informatique quantique sur divers secteurs économiques. Les entreprises, les gouvernements et les investisseurs privés ont compris que l'avancement dans ce domaine pourrait transformer fondamentalement des industries entières, que ce soit dans la sécurité, la pharmacologie, le transport ou encore la finance.

Au cœur de cet engouement, les grandes entreprises technologiques comme IBM, Google et Microsoft ont massivement investi dans leurs propres programmes d'informatique quantique. Ces géants de la technologie disposent des ressources nécessaires pour explorer à la fois le matériel et le logiciel, créant ainsi une intégration verticale qui pourrait accélérer le développement de solutions quantiques viables. Grâce à leur capacité d'innovation et à leurs vastes réseaux de talents, ces entreprises sont bien positionnées pour capter une part importante des futurs marchés qui émergeront avec la maturité de l'informatique quantique.

Cependant, les petites start-ups jouent également un rôle essentiel dans cet écosystème. Souvent soutenues par des investisseurs en capital-risque, de nombreuses start-ups se concentrent sur des niches spécifiques, innovant dans des domaines tels que la fabrication de qubits, les algorithmes quantiques ou encore les méthodes de correction d'erreurs. Ces jeunes entreprises dynamisent le secteur par leur capacité à prendre des risques et à expérimenter des approches que de plus grandes structures pourraient hésiter à adopter.

Les gouvernements du monde entier ont aussi reconnu l'importance stratégique de l'informatique quantique, incitant à des financements publics sans précédent. Des initiatives nationales et des partenariats public-privé ont vu le jour, visant à construire des infrastructures de recherche robustes, à soutenir la formation d'une nouvelle génération de chercheurs et à s'assurer que leurs pays respectifs ne manquent pas la révolution quantique. En Europe, des programmes tels que Quantum Flagship, doté de plusieurs milliards d'euros, incarnent cette approche proactive. Aux États-Unis et en Chine, les investissements publics visent non seulement à résoudre des défis technologiques mais aussi à soutenir la compétitivité nationale dans un domaine perçu comme crucial pour la sécurité économique et technologique de demain.

Au-delà des acteurs établis, les financements privés affluent également de la part de fonds d'investissement conventionnels qui souhaitent diversifier leurs portefeuilles dans des technologies prometteuses. Les tendances récentes montrent un intérêt accru de ces investisseurs qui, bien qu'attirés par le potentiel disruptif de l'informatique quantique, sont conscients que le retour sur investissement pourrait exiger de la patience, les percées concrètes pouvant prendre des années, voire des décennies.

L'informatique quantique se trouve à une croisée des chemins où l'afflux continu de financements et d'investissements pourrait définir son rythme de développement. Tandis que les enjeux financiers et stratégiques sont élevés, cette convergence d'intérêt garantit que l'informatique quantique continuera d'attirer un éventail diversifié de soutiens, marquant chaque étape de son mouvement vers une viabilité commerciale transformative. Ce déploiement d'efforts coordonnés pour soutenir l'émergence de l'informatique quantique n'est pas seulement une course à la technologie mais aussi une recherche d'influence géopolitique et économique dans l'ère numérique naissante.

Chapitre 10
Conclusion et perspectives.

Résumé des points clés

En arrivant à la conclusion de « Tout savoir sur l'informatique quantique », il est essentiel de revisiter les points clés qui jalonnent ce voyage fascinant. L'informatique quantique, à la croisée des chemins entre la physique quantique et l'informatique traditionnelle, promet de bouleverser notre compréhension et notre utilisation des technologies numériques. En commençant par les fondements théoriques, nous avons plongé dans le monde des qubits, ces unités d'information quantique, dont la particularité réside dans leur capacité à exister simultanément dans plusieurs états grâce au phénomène connu sous le nom de superposition. Cette caractéristique, combinée avec l'intrication quantique, permet aux qubits d'être corrélés entre eux d'une manière qui défie l'intuition classique, ouvrant la voie à des calculs parallèles d'une efficacité potentiellement révolutionnaire.

En explorant les architectures matérielles, nous avons découvert différents types de qubits physiques, allant des qubits supraconducteurs aux pièges ioniques, chacun présentant un ensemble unique de défis techniques et de promesses. Ces technologies en développement témoignent de la richesse et de la diversité de l'innovation dans ce domaine. Les algorithmes quantiques, notamment ceux de Shor et Grover, illustrent de manière éloquente le potentiel de l'informatique quantique pour résoudre des problèmes largement inaccessibles aux ordinateurs classiques de manière efficiente, comme la factorisation de grands nombres ou la recherche dans des bases de données non structurées.

L'interaction entre l'informatique quantique et la cryptographie a été un autre point crucial de notre discussion. À l'heure actuelle, la sécurité de la plupart des systèmes cryptographiques repose sur la complexité de certains problèmes mathématiques, que les ordinateurs quantiques pourraient résoudre beaucoup plus rapidement que les ordinateurs classiques, mettant ainsi en péril les systèmes de sécurité traditionnels. En réponse, la cryptographie post-quantique émerge comme une discipline clé, cherchant à concevoir des systèmes sécurisés même à l'ère de l'omniprésence des calculateurs quantiques.

Les avancées en simulation quantique représentent

aussi une promesse significative pour des disciplines variées telles que la chimie, la science des matériaux, et la biologie. Leur capacité à modéliser des systèmes complexes à un niveau sans précédent pourrait accélérer la découverte de nouveaux médicaments, de matériaux innovants, et comprendre des phénomènes biologiques fondamentaux. Sur le front économique et industriel, l'informatique quantique est à l'aube de transformer des secteurs comme la logistique, l'optimisation de portefeuilles financiers, et la gestion des chaînes d'approvisionnement, en réduisant considérablement les temps de traitement et en améliorant l'efficacité opérationnelle.

Cependant, il ne faut pas sous-estimer les défis qui demeurent. Les questions de détection et de correction d'erreurs quantiques, la stabilité et la fidélité des qubits, et la mise à l'échelle de ces systèmes restent des obstacles importants sur le chemin vers des ordinateurs quantiques fiables et pratiques. Les collaborations internationales et interdisciplinaires seront cruciales pour surmonter ces défis techniques et éthiques. En somme, si nous ne sommes qu'au début de cette révolution quantique, le potentiel et les perspectives de l'informatique quantique s'annoncent comme l'ultime frontière technologique, promettant de redessiner les contours de notre futur numérique.

L'avenir de l'informatique quantique

L'avenir de l'informatique quantique est une symphonie de promesses et d'incertitudes, une tapisserie complexe tissée de découvertes scientifiques, de défis technologiques et de potentialités économiques. Aujourd'hui, alors que nous nous tenons au seuil de cet âge quantique, il est essentiel de comprendre comment cette technologie a le pouvoir de transformer radicalement notre monde.

À mesure que les scientifiques et les ingénieurs repoussent les limites du possible dans le domaine de l'informatique quantique, nous assistons à des avancées qui pourraient, à terme, permettre de résoudre des problèmes actuellement inaccessibles aux ordinateurs classiques. La puissance d'un ordinateur quantique réside dans sa capacité à exploiter les principes de superposition et d'intrication, permettant le traitement parallèle d'informations à une échelle qui défie notre compréhension traditionnelle de la computation.

Cette capacité pourrait révolutionner la cryptographie en rendant obsolètes les systèmes de sécurité actuels, tout en jetant les bases de nouveaux modèles de communication ultra-sécurisés grâce à la distribution quantique des clés.

Néanmoins, l'avenir de l'informatique quantique ne se limite pas à la cryptographie et à la sécurité. Ses applications s'étendent à des domaines aussi variés que la recherche médicale, la chimie, l'intelligence artificielle et même l'exploration de l'espace. Par exemple, l'informatique quantique pourrait offrir des solutions inédites à des problèmes de simulation moléculaire, accélérant le développement de nouveaux médicaments et matériaux. Dans le domaine de l'intelligence artificielle, les algorithmes quantiques pourraient améliorer l'apprentissage automatique, permettant des avancées significatives dans des technologies telles que la reconnaissance vocale et la vision par ordinateur.

Mais la route à parcourir est semée d'embûches. Les défis techniques sont nombreux, à commencer par la création d'un matériel quantique stable et évolutif. Les ordinateurs quantiques actuels fonctionnent souvent à des températures proches du zéro absolu, dans des environnements qui nécessitent une isolation extrême pour éviter la décohérence, un phénomène qui compromet la précision des calculs quantiques. La construction d'ordinateurs quantiques pratiques, capables de surpasser leurs homologues classiques dans des tâches significatives (un seuil connu sous le nom de "suprématie quantique"), reste un objectif ambitieux qui nécessite des innovations continues.

Au-delà des aspects techniques, l'adoption de l'informatique quantique est également tributaire de facteurs économiques et sociaux. Un déploiement mondial de la technologie quantique exigera des investissements massifs, une infrastructure de support robuste, et une formation adéquate des personnes à tous les niveaux de la société. L'éducation jouera un rôle crucial pour garantir que les nouvelles générations soient prêtes à naviguer dans un monde dominé par les technologies quantiques. En parallèle, des questions éthiques et de confidentialité émergeront inévitablement, nécessitant une réflexion approfondie et une réglementation appropriée pour éviter les abus potentiels.

En conclusion, l'avenir de l'informatique quantique est à la fois excitant et complexe, promettant de remodeler notre monde d'une manière que nous commençons à peine à entrevoir. Alors que nous avançons avec prudence et optimisme, il est clair que le chemin vers une ère quantique sera forgé par une collaboration multidisciplinaire, mariant l'expertise scientifique à la sagesse humaniste, pour garantir que cette révolution technologique bénéfice à l'ensemble de l'humanité.

Appels à l'action

Alors que nous approchons de la conclusion de ce voyage à travers l'informatique quantique, il est essentiel de se tourner vers l'avenir avec une attitude proactive et pleine de curiosité. L'informatique quantique n'est pas seulement un domaine théorique; elle est en passe de transformer notre monde de multiples façons, et il est impératif que nous soyons bien préparés à embrasser ces changements. Au cœur de cette transformation se trouve une opportunité sans précédent pour les individus, les éducateurs, les chercheurs, les entreprises et les gouvernements de s'engager dans un apprentissage continu et une exploration collaborative.

Pour les individus, l'appel à l'action est d'abord de rester informé. Cela implique de suivre les dernières avancées technologiques, de s'inscrire à des cours en ligne, de participer à des forums et à des conférences dédiées à l'informatique quantique. La lecture de publications scientifiques et technologiques peut offrir une compréhension plus profonde de la manière dont ces technologies se développent et influenceront divers aspects de notre vie quotidienne. Il ne s'agit pas seulement pour les technophiles, mais pour quiconque veut jouer un rôle actif dans cette nouvelle ère numérique.

Pour les éducateurs, le défi et l'opportunité résident dans l'intégration de l'informatique quantique dans les curriculums scolaires. Cela nécessite la création de matériel pédagogique accessible à tous les niveaux, favorisant une compréhension fondamentalement altruiste et ouverte. Rendre les concepts quantiques accessibles dès le plus jeune âge aidera à cultiver une génération de penseurs critiques et innovateurs qui seront prêts à relever les défis de demain.

Les chercheurs ont un rôle essentiel à jouer en poursuivant l'exploration et l'innovation dans le domaine. Les appels à l'action pour eux incluent la collaboration élargie, non seulement entre laboratoires universitaires et industriels, mais aussi d'une manière transdisciplinaire, engageant des esprits de tous horizons. La complexité des défis posés par l'informatique quantique nécessite une approche collective et diversifiée, par essence accessible à toutes les perspectives intellectuelles.

Les entreprises, quant à elles, doivent commencer à explorer comment l'informatique quantique peut transformer leurs méthodologies et leurs modèles économiques. Les dirigeants sont invités à investir dans des recherches et à développer des équipes spécialisées susceptibles de profiter dès maintenant des avantages qu'apportera cette révolution technologique. Il est crucial pour les entreprises de ne pas se contenter d'attendre mais de participer activement à la construction de ce futur technologique.

Enfin, pour les gouvernements, la responsabilité consiste à créer un cadre réglementaire équitable et stimulant qui encourage le développement technologique tout en protégeant les intérêts publics. Le soutien à la recherche fondamentale, associé à une politique de promotion de l'éducation en science et technologie, facilitera non seulement la croissance technologique mais garantira également que ses avantages sont équitablement partagés à travers le monde. En tant que tel, chaque lecteur de ce livre est encouragé à réfléchir sur son propre rôle dans cette transition, à se poser la question de la contribution individuelle qu'il peut apporter et à s'engager sur cette voie prometteuse avec audace et détermination. L'informatique quantique, avec tout son potentiel, n'est plus simplement un champ de spéculation futuriste; c'est la réalité en formation, et il nous appartient à tous de guider son développement d'une manière éthique et inclusive.

Ressources supplémentaires

Pour approfondir vos connaissances sur l'informatique quantique, il est essentiel de vous tourner vers des ressources supplémentaires qui vous offriront une compréhension plus enrichie de ce domaine complexe et fascinant. Les livres spécialisés restent une source précieuse d'information. Des ouvrages tels que "Quantum Computation and Quantum Information" de Michael Nielsen et Isaac Chuang sont souvent considérés comme des bibles dans le domaine, fournissant une compréhension technique approfondie des concepts fondamentaux. En parallèle, "Quantum Mechanics: The Theoretical Minimum" de Leonard Susskind et Art Friedman peut servir de complément pour ceux qui cherchent à renforcer leur base en mécanique quantique de manière plus accessible.

Les publications académiques jouent également un rôle crucial. En suivant des revues telles que "Nature Quantum Information" ou "Quantum Science and Technology", vous pouvez accéder aux dernières recherches et développements dans le domaine, offrant des perspectives de pointe sur les progrès en cours. Ces revues contiennent généralement des articles rédigés par des chercheurs leaders dans le domaine, ce qui est extrêmement utile pour maintenir votre connaissance à jour.

En outre, les cours en ligne ouverts et massifs, tels que ceux offerts par les plateformes Coursera ou edX, vous permettront de suivre des cours dispensés par des universitaires des institutions les plus prestigieuses. Des universités comme le Massachusetts Institute of Technology (MIT) et l'Université de Californie, Berkeley, proposent des cours en ligne qui couvrent les bases de l'informatique quantique ainsi que ses applications avancées, souvent gratuitement ou à des coûts modiques. Ces cours offrent souvent une approche plus interactive de l'apprentissage, avec des exercices pratiques et des forums de discussion.

Le monde des conférences et des séminaires virtuels ou physiques ne doit pas être négligé. Des événements tels que le "Q2B Conference" rassemblent des experts du monde entier, offrant des présentations et des ateliers qui vous aideront à vous immerger profondément dans les tendances actuelles de l'industrie. Participer à ces événements peut également offrir des opportunités de réseautage uniques avec des professionnels et des chercheurs partageant les mêmes intérêts.

Les groupes de discussion et les forums en ligne, tels que Stack Exchange, peuvent également être des ressources puissantes pour clarifier des concepts obscurs et apprendre des expériences d'autres passionnés et experts dans le domaine. Ces plateformes offrent une communauté active prêt à soutenir et échanger sur divers sujets liés à l'informatique quantique. Par ailleurs, suivre des blogs et des podcasts spécialisés permet aussi de rester informé de manière moins formelle tout en enrichissant votre perspective.

Enfin, ne sous-estimez pas la valeur de construire un projet personnel basé sur vos intérêts en informatique quantique. Que ce soit coder des algorithmes quantiques simples en utilisant des simulateurs gratuits disponibles en ligne, comme ceux proposés par IBM Quantum Experience ou Google Cirq, ou même collaborer à des projets open-source, cette approche pratique peut souvent consolider votre compréhension théorique de manière significative. À travers ces nombreuses voies d'apprentissage et de développement personnel, vous trouverez l'opportunité d'approfondir votre compréhension et d'élargir vos horizons au sein de ce domaine ambitieux et en constante évolution.

www.ingramcontent.com/pod-product-compliance
Lightning Source LLC
Chambersburg PA
CBHW052258220526
45471CB00001B/386